„Mut entsteht auf dem Weg."

Benedict Wells

1. Auflage
Herausgegeben von Karl Fellmer, Weimar
Entwurf und Gesamtgestaltung: Karl Fellmer, Weimar

Cover Art: Mattheuer, Wolfgang - Richard der Indianer, 1973
Foto: Galerie Schwind, Leipzig
Bildrecht Cover: © VG Bild-Kunst, Bonn 2024

Gestaltung / Bildbearbeitung: Florian Burghardt, Erfurt
Intro / Lektorat: Laura Florence Jerke, Weimar

© 2024 Karl Fellmer
Verlag:
BoD • Books on Demand GmbH, In de Tarpen 42, 22848 Norderstedt
Druck:
Libri Plureos GmbH, Friedensallee 273, 22763 Hamburg
ISBN: 978-3-7597-3586-7

Inhaltsstoffe

7   Intro

9   Danksagung

11   Historisches Baumtor

15   Freiheit

18   Hunger

21   Amputierte Sirenen

23   Der Förster aus der DDR

26   Unter Deiner Autobahn

28   Der Kinski in Dir

31   Alles

33   Zeitenwende

35   Das Lied des Einsiedlers

36   Nabelschnur

37   Letzte Bastion

39   Ausleseprozess nach Darwin

42   Tyrannosaurus Rex

45   Schatten

46   Löwe

47   Verbranntes Öl

49   Wachwisch

51   Von 0 auf 100

52   Orthopädische Erotik mit Frau Dr. Söckchen

56   Relativitätstheorie III

57   Die Immerliegenden

59   Luftschläge

61   Lassen

62   Alle fotografieren Kaffee

64   Atmen lernen

66   Kontrollverlust

68   Realität der Träume

71   Medizinschrank

73   Negroamaro

76   Stimme - von jemand anderem
78   Panik, die Spaß macht
81   Metalldetektor
87   Mit der Klinke in der Hand
89   Strandung
95   Rescuetropfen auf die Sterne in den Augen

Seine Texte hinterfragen unsere Welt, vor allem die zwischenmenschlichen Beziehungen, und geben Antworten auf die vielen Warum's des Lebens, so hässlich sie auch sein mögen.

Wer sanfte, verklärte Geschichten sucht, ist bei Karl Fellmer an der falschen Adresse. Er nimmt seine Umwelt intensiv wahr und formt sie mit zielgerichteter Klarheit zu Geschichten mit vielfältigen Charakteren. Er hat die Gabe, mit seinen Worten schonungslos anzugreifen. Doch seine ungeschminkte Wahrheit trägt immer auch ein spielerisches Lächeln auf den Lippen, das zwischen Autobiografie und Fantasie variiert. Hinter seiner scharfen Zunge und dem tiefen Zynismus, offenbart sich ein sanfter Mensch, der sich oft unerkannt durch die Welt schleicht und dabei nie die Sonne in seinem Gemüt verliert. Ein Erwachsener mit dem Herzen eines Kindes, das weiß, dass am Ende immer alles gut wird.

Geboren in der DDR, hat Karl Fellmer nicht nur die Wende miterlebt, sondern auch den Weg in den Westen auf sich genommen, um Unterschiede & Gemeinsamkeiten zu erleben. Auf seinen beruflichen Stationen erlebte und studierte er tausende von Menschen in ihrem Sein und Tun. Er studierte über mehrere Lebensphasen hinweg Pädagogik, Literatur, Mathematik und Psychologie. Seine Wege führten ihn über Hamburg an die schleswig-holsteinische Küste, wo er sein schriftstellerisches Talent in seinen ersten beiden Büchern entfalten konnte. Seit 2021 ist Weimar in Thüringen seine Wahlheimat.

Mit „Rugido del Leon - Wildes Gebrüll eines erwachsenen Kindes" schließt Karl Fellmer seine Trilogie von Erzählbänden ab, die mit ihren spanischen Titeln stets als Reminiszenz an diese stürmische, flamencoeske Lebensphase gedacht waren.

Laura-Florence Jerke, Weimar 2024

— 8

Danksagung.

Zwischen all den Wellen des Lebens spülen Momente, Geschichten und vor allem Emotionen durch einen Menschen hindurch, in andere hinein und ganz selten darf man zusammen in Gedanken versunken den Moment genießen, innehalten und in die Leichtigkeit versinken.

Auch wenn nicht alle folgenden Worte vor Freude und Humor strotzen, so sind sie doch nicht mehr oder weniger als kleine Anekdoten aus dem Leben und meine subjektiven Emphasien dazu. Manchmal ergeben sich kuriose Situationen, womöglich sind es Lebensfragen, immer doch aber Gedanken, die ich gern mit euch teilen möchte.

Dieses Buch ist nicht perfekt - es wurde nicht ewig überarbeitet, lektoriert, korrigiert. Es ist roh, wild, pur, - wie das Leben auch.

Ich wurde öfters gefragt, was ich denn da eigentlich schreibe und auch jetzt kann ich euch diese Frage nicht beantworten. Ich mag den Vergleich, bei dem man an eine Langspielplatte eines geliebten Künstlers denkt. Dabei hoffe ich, auch Ihr findet in meinen Büchern den einen oder anderen Ton oder ein ganzes Lied, dass mit euch schwingt und etwas in euch bewegt.

Mit diesem Buch bedanke ich mich bei allen Menschen, die mit mir erwachsen geworden sind, die ich in meinem Leben kennen lernen durfte und mit denen ich mich über alle Entfernungen und Zeiten hinweg verbunden fühlen darf.

Auf bald.

Euer Karl

Weimar, August 2024

10

Historisches Baumtor

Wie er durch die Felder geht. Links grüner Weizen, rechts geschlossener Raps. Ein kühler Wind überzieht den Frühsommertag mit der letzten Kälte des Frühlings. Um ihn herum ist es stürmisch, doch er bleibt ruhig. Die Menschen rauschen in ihren Autos vorbei, von A nach B, dem neuen Ziel entgegen. Tage voller Arbeit sind das Lebenselixier. Nebenan, meist unbemerkt auf gerader Strecke, laden Haltebuchten zum Verweilen ein und werden übersehen. Leichter Nieselregen setzt ein.

Wie ungemütlich Gemütlichkeit sein kann.

Der Blick in die Ferne öffnet Horizonte und Grenzen. Da oben sieht man bis zum nächsten Hügel. Dazwischen viele Ebenen, Ebenen voller Menschen und ihrer Geschichten. Hier, auf dem Baumtor, stehen zwei Bäume und spenden einander Trost. Eine Straße trennt sie und ist doch der Grund ihrer Existenz. Symbol der Verbindung über Jahrhunderte. Dazwischen eine Bank. Darauf sitzt er und nimmt das unkontrollierbare Zucken in seinem Oberarm hin. Was soll ihn jetzt noch beunruhigen. Es gibt nichts mehr, wovor er Angst haben könnte. Nicht einmal mehr vor sich selbst. Dass er irgendwann aufhören wird, das ist klar.

Das ist auch Dir klar.

Wozu die Eile, der Stress, der Druck?
Müssen muss man können. Es macht keinen Sinn, aber es ist so. Er hat nichts und lebt im Überfluss, wie viele andere

auch. Er hätte gerne weniger. Er räumt die Wohnung auf und sortiert die täglichen Bestellungen ein. Er konsumiert. Endlich wieder etwas riechen. Das ist neu. Offenbar ist der Geruch zurückgekommen. Vieles kommt zurück von dem, was man verloren hat.

Du kennst das Gefühl.

Warum hat er es nicht schon früher geändert? Jetzt sind Jahre vergangen. Die Geschichten sind alt. Er ist alt. Alte Geschichten zu erzählen macht ihn so erwachsen. Er wollte nie so erwachsen werden, dass er Geschichten erzählen kann. Früher hat man manchmal gesagt: „Erzähl doch mal eine Geschichte", und er hat sich geweigert. Jetzt hat er sie alle erlebt und könnte sie erzählen, wenn er nur wollte. In der Ferne die Autobahn. Der stete Strom reißt nicht ab. Alle haben Ziele. Dinge müssen bewegt werden. Menschen bewegen Augenblicke oder umgekehrt. Im Moment gibt es viel Stillstand. Wer hätte gedacht, dass das so anstrengend sein kann.

Hast Du da mal drüber nachgedacht?

Herzrasen bei einem Puls von 67, das muss man erst mal schaffen. Die Ärztin am frühen Morgen war untrainiert, sagte sie. Osteuropäerinnen sind eigentlich immer fit. Wahrscheinlich die Gene. Andere Gene zu haben, sich eine Familie aussuchen zu können. Manchmal wünscht er sich sein Leben zurück. Zumindest die Jahre, die schwer waren. Er ist immer weit gekommen. Weiter, als man es ihm zugetraut hätte. Dafür gab es kein Lob. Die eigene Schwäche hindert den Applaus zu hören. Alle gehen ein Stück weiter. Evolution. Wieder rast einer vorbei. Er lehnt sich an die Autotür, sein Gewicht lässt das Gefährt leicht kippen. Für einen Augenblick treffen sich zwei Augenpaare. Wie oft am Tag begegnet man anderen Augenpaaren. Das ist erschöpfend. Manchmal hätte er gerne öfters die selben Augenpaare gesehen, immer wieder, statt ewig neue. Das muss das Alter sein. Vielleicht hat er zu viele Augen gesehen. Aber hat er sie wirklich gesehen?

Sieht Du wirklich in die Augen, die an Dir vorüberziehen?

Es wird kalt und seine Finger finden die Buchstaben nicht mehr. Es drückt in der Brust. Er greift nach der Halsschlagader. Kaum noch Puls und das mit 42. Er hat genug. Von diesem Tag und von diesen Phasen. Das Ende aller Leiden ist bescheiden. Da ist viel Wahrheit drin, aber wer will das schon hören. Man müsste sich mal genügen.

Du müsstest Dir mal genügen!

Der Wind schweigt. Mal kurz die Ruhe um ihn herum. Das Rascheln der Jacke stört. Irgendetwas stört immer, wie sollte es auch anders sein. Aber das ist noch das kleinste Übel und überhaupt, was war das für ein Tag. Manchmal fragt er sich, wie das enden soll, dabei wäre das Ende die Erlösung. Nur wäre da kein Rascheln mehr, kein Wind, die Autobahn wäre nicht mehr zu hören und die Frau, die gerade an ihm vorbeiläuft mit ihren endlos langen, wilden Haaren und dem riesigen, animalischen Hintern, sie wäre auch nicht mehr zu sehen. Natürlich ist er inzwischen zu alt für Sie. „Aber was in Dir steckt, steht's neue Kräfte weckt" denkt er sich und lächelt dabei. Dafür hat er weder bezahlt noch sich besonders anstrengen müssen. Das, was an Dir vorbeizieht und um Dich herum ist.

Kannst Du das sehen?

Zwei junge Burschen, er nennt Sie Herr Sprit und Herr Cola gehen vorbei und rauchen. Sie tragen kurze Sachen und strotzen auch sonst vor Energie. Manchmal wünscht er sich, er hätte mehr darüber nachgedacht, dass Lebensgeister

Wesen sind, die in ihrer Kraft begrenzt sind. Natürlich kann man sie pflegen.

Aber wer pflegt schon Geister, an die man nicht glaubt.

25% zeigt die Batterie an. So wie er sich anfühlt, sind es wohl eher weniger. Auch das muss man aushalten können. Mit sich selbst zusammensitzen, etwas trinken, sich in den Arm nehmen, auch mal trösten und weinen, über all die Geschichten lachen, über die dicken Ärsche schmunzeln und hoffen das der nächste Plan aufgeht.

Freiheit

Ein Blatt landet auf seinem Kopf, während er am See in der Sonne sitzt. So fühlt es sich an, wenn man loslässt, das Blatt den Ast und er seine Angst. Freier Fall ins Nichts. Unerwartet, Alltag um ihn herum, als wäre nichts gewesen. Und doch ist es für ihn ein Neuanfang, der erste Beginn des alten Lebens, die mutige Grenzüberschreitung, die er sich so sehr gewünscht hat. Für die anderen ist es ein sonniger Sonntag, ohne an morgen zu denken, denn morgen ist Montag.

Für ihn gab es schon lange keine Wochentage mehr, sondern nur noch Gefahr und Gefängnis. Beides ist schwer genug. Seine Amygdala konnte er nicht abschalten, das wusste er. Seit seiner Kindheit schlug sie Alarm. Der Vater kriegstraumatisiert, ein Leben in Angst. Die Mutter hatte vieles in sich hineingefressen, sie konnte die Situation ertragen, die Flucht schien ihr dennoch unmöglich. Nie wäre sie das Blatt gewesen, das sich vom Ast löst. Das Blatt hielt sich fest. Der Baum würde nicht ohne das Blatt existieren. Sie hatten sich auf ewig verbunden. Karma, dachte er, als sie älter wurden und gemeinsam ihre Dämonen besiegelten, statt sie zu besiegen.

**Es geht nicht ums Siegen, in diesem
Leben und in Deinem.**

Wenn Sie sich stritten, soweit konnte er sich erinnern, wurde es laut und roh. Dann sah er Tiere in ihren Gesichtern, wo er sich Liebe wünschte. Liebe gab es in Form von Zeit und Geld. Irgendwann hatte er es akzeptiert. Vergeben hatte er es nie.

Wie er so am See in der Sonne sitzt und die Köpfe der Menschen an ihm vorbeischwimmen, weiß er, dass er es besser gemacht hat oder zumindest anders. Dass er das, was er gezeugt hat, mit Liebe überschüttet, dass er sich selbst liebt und noch mehr sein eigenes Fleisch und Blut. Dass man loslassen muss und vertrauen. Dass er weiß, dass er sich das Elend selbst ins Haus geholt hat, weil er mit Fürsorglichkeit nicht viel anfangen konnte.

Es war ihm immer suspekt, wenn sie ihn einfach so liebten. Zu welchem Preis, hat er sich dann meistens gefragt, was wollen die von mir? Die Last, die er im Herzen spürte, wer soll das tragen. Und so hatten sie ihn bestätigt und fallen lassen, die schönen, klugen und aufregenden Bäume, sobald sein Blatt zu schwer wurde oder zu sehr an ihren Wurzeln zog.

Sein Auge brennt. Eine Träne benetzt die Pupille, die von der Sonne gerötet ist und sich nach Dunkelheit sehnt. Die Dunkelheit ist ein Ort, an dem es nur noch wenige Freude gibt. Dort zu sein entzündet viel Licht im Leben, wenn man es sehen kann. Jeder spürt die Dämonen, aber die meisten haben sie unter Kontrolle. Wann immer es ihn hinabzog, sprang er der Sicherheit und Geborgenheit von dannen. Er war zu gierig, gierig nach Leben, wer sollte es ihm verzeihen nach all den Jahren eines lieblosen Daseins. Seine Seele dürstete nach Euphorie, nach Liebe, nach Abenteuer. Wie ein Kind stürzte er sich auf jedes endorphinbeladene Überraschungsei, das ihm das alles versprach. Dann packte er es aus, verschlang es und wunderte sich über den Inhalt, der für ihn nur ein lästiges Bastelproblem bereithielt. Er hatte immer an den Problemen anderer gebastelt. Sich selbst hatte er stets vergessen.

Man kennt das ja.

Ablenken und helfen. Wie schön wäre es gewesen, wenn das mal jemand wirklich angenommen hätte, dieses Blatt, er, mit all seiner Last. Aber heutzutage trägt doch jeder so schwer an sich und am Leben. Wer will sich da noch ständig mit jemand anderem auseinandersetzen und auseinandersetzen müssen.

Immer sind es die anderen.
Wo bleibt die Dankbarkeit.

Erst wenn das Blatt das begreift und dankbar ist für den Baum und der Baum sich an dem Blatt festhält, denkt er und ist genervt. Von all den Gedanken und klugen Ideen in seinem Kopf. Das Wasser spiegelt die Sonne und glitzert wie eine Discokugel in wilden Nächten. Das ist eine andere Geschichte, denkt er und steigt hinein. Das Wasser auf seiner Haut macht ihn lebendig, zu jeder Jahreszeit, ein wenig Gefühl, ein Gespür für sich und seinen Körper, dann ist er eins mit sich und fühlt sich frei.

Hunger

Ich spüre Ihn auf einmal wieder.

Der Bass ist viel zu schnell.

Reste von Stoffen wollen im Körper tanzen, aber kommen gut 20 Jahre zu spät.

Menschen sitzen im Auto, die Sonne scheint.

Ein altes Schwimmbad, es ist Sommer, hunderte von liebenden Körpern, bunt bekleidet oder nackt.

Musik überall - von der fernen Tanzfläche, aus den Autos, strahlende Gesichter wohin man blickt.

Die Nacht ist schon lange zu Ende.

Niemand will, dass der Tag zu Ende geht.

Die Sonne steht hoch am Himmel.

Sie brennt auf die jungen Körper und die Autokarossen.

Alles ist mit Wärme erfüllt.

Die Fahrzeuge, der Rasen auf dem sie stehen und die Bäume am Rand des Platzes.

In welchem Auto Du sitzt oder wer die Menschen um Dich

herum sind, all das spielt in diesem Moment keine Rolle mehr.

In allen **Kleinstuniversen aus Blech** dasselbe Schauspiel.

Durch den Außenspiegel kannst Du sie sehen.

Wie ferne Galaxien erstrahlt jedes Auto als dunkler Punkt auf sonnenverbrannter Wiese.

Darin funkeln **menschliche Planeten**, die miteinander lachen und spielen.

Alles ist leicht, alles ist warm, alles ist Schweiß und Glück.

Die Nacht hat sich in die Gesichter gezeichnet.

Große Augenringe, kleine Pupillen.

Gespräche, die kein Ende finden.

Gedanken, die endlos kreisen.

Wortwellen, die sich überschlagen.

Alle schwimmen im Ozean der Glückshormone.

Du spürst dieses liebevolle Leben wie ein neugeborenes Kind auf einem fremden Planeten.

Alles erstrahlt in helleren Farben.

Die Welt ist bunter, freundlicher, fast so wie Sie eigentlich sein sollte.

Man kann aussteigen und in ein anderes Auto einsteigen, die Stimmung bleibt dieselbe.

Um einen herum ist der weite Regenbogen aufgespannt, der einem in jeder Situation Halt gibt.

Du bist überall fremd und doch zu Hause.

Die Stunden verrinnen und nichts von der fehlenden Zeit wird Dir bewusst.

Der Abend bricht herein und aus Gedankenströmen werden lose Fetzen. Strukturlose Gebilde, die in Schweigen enden.

Tilt.
Rien ne va plus.
Nichts geht mehr.

Es hat sich ausgelacht, ausgetanzt, ausgedacht, ausgelebt.

Die Leere fühlt sich leicht an und lässt keine Fragen zurück.

Alles wurde besprochen, zu viel gesagt, die Lippen aufgequollen und spröde.

Man sitzt in kleinen Gruppen und verliert sich zusammen.

Bis das erste Anzeichen von Normalität die Heimreise in die Welt der irdischen Bedürfnisse einläutet:

HUNGER.

Amputierte Sirenen

Sie sitzen auf ihren Felsen, in ihren Häusern und Wohnungen.

Viele von ihnen leuchten nur noch im Mondschein.

Mit Ihnen die Katzen, Hunde und Kinder des Lebens, die Sorgen und Nöte, die Zweifel und Ängste.

Vor Ihnen ein Meer tiefer dunkler Abgründe der ungewissen Zukunft, hinter Ihnen die felsigen Berge der Vergangenheit. Zurück geht es nicht mehr, für den Schritt nach vorn braucht man ein Schiff oder Mut.

Von beidem haben sie meist wenig und so sitzen sie auf Ihrem schön dekorierten Felsen und rufen in den wärmsten Tönen, versprechen liebevolle Umarmungen und süße Wünsche. Dabei geben sie ein wenig Preis vom gelobten Land der bedingungslosen Liebe, das man noch kennt aus früheren Tagen, wenn man es denn je kennenlernte.

Landet man an, macht sich schnell Verzweiflung breit, erst über das Leben und dann über das Boot. Schön sollte es doch sein, schnell und stabil. Und dann ist es wieder nur ein einfacher Kahn, der, einmal fest im Hafen des Lebens verankert, nun schon eine Weile ziellos über die Meere der Sehnsucht schippert und an dem die Stürme der Zeit sichtlich gezehrt haben.

So trifft die amputierte Sirene auf den ramponierten Kahn

und gemeinsam versuchen sie ... ja, was überhaupt, neues Land zu finden, einen gemeinsamen Hafen zu erreichen oder einfach das gleiche Spiel noch einmal von vorn zu beginnen.

Die Felsen werden nicht ärmer an gestrandeten ehemaligen Schönheiten. In Stadtnähe sind sie besonders häufig zu sehen. Ausgesondertes Treibgut, immer neue frische Körper werden da angespült und das Meer holt sich die alten und verbrauchten.

Mit den Schiffen verhält es sich ähnlich, kaum aus der Werft und der Taufe entstiegen, landen sie auf routinierten Routen, mal hier ein Ungetüm, mal dort ein Abenteuer, aber immer meist mit einer Sirene am Steuer.

Der Förster aus der DDR

Da steht er am Feldrand in der Dunkelheit und symbolisiert alles Schlechte in diesem Land, das es nicht mehr gibt, weil die Welt immer noch darüber streitet, wem dieses Europa eigentlich gehören soll.

Mit ängstlicher Stimme fragt er leise, ob es mir Freude mache, die Leine in der Hand zu halten, anstatt sie meinem Hund um den Hals zu binden. Die Fellnase zieht derweil ihre friedlichen Bahnen am Wegesrand entlang und ist so glücklich über ihr Treiben, dass sie nicht einmal den Hauch einer Lust verspürt, diese seltsame Gestalt da im Dunkeln anzubellen.

Ich weiß nicht so recht, ob ich diese grauhaarige Gestalt, wie sie da steht und auf mich einredet, ernst nehmen soll, aber zumindest nehme ich die Kopfhörer ab und lasse mich auf die Diskussion ein, die natürlich folgen muss, denn hier ist wieder einer im Recht, ich im Unrecht, der Mahner und Erinnerer hat Gesprächsbedarf - also frage ich fleißig in meiner vermeintlichen Rolle als Lehrling des Lebens, was es denn gäbe und warum er denn frage.

Das Wild, so der angehende Hobbyförster ohne Gewehr, aber mit schusssicherem Gewissen, stehe doch hier im Wald und der Hund, ja der dürfe es doch nicht stören, wo doch Winter sei und die Tiere Ruhe bräuchten.

Ich schaue mich um und sehe weder Wald noch Tiere, allenfalls ein paar Büsche und die nächste von Menschenhand angelegte waldähnliche Struktur ist gut anderthalb Kilometer entfernt.

Dem Mann ist sein Anliegen sehr wichtig, er zündet jetzt noch die Taschenlampe der Weisheit an und verleiht seinem

Anliegen mit erhobenen Händen Nachdruck.

So wie er da am Abgrund des Straßengrabens steht und in seinem gebrechlichen Zustand wohl mehr Angst hat, in den Graben zu stürzen, als dass dieser Streit eskaliert, tut er mir am Ende nur noch leid.

Diese Generation ist nicht verloren, aber überfordert.

Wie fühlt es sich an, wenn das Land, in dem man aufgewachsen ist, nicht mehr existiert? Was passiert, wenn das ganze Leben auf ein neues System heruntergebrochen wird, mit dem man sich schwer tut.

Natürlich ist mir genau diese Situation auch im Westteil Deutschlands passiert, aber hier hatte der vermeintliche Aufpasser weder selbst Angst noch war er von dieser bemitleidenswerten Natur.

Es ist ein anderes Selbstverständnis, mit dem man aufwächst, wenn alles verloren geht und man sich neu orientieren muss. Es entstehen Zweifel und Ängste, die unbewusst ein Leben lang bestehen bleiben. Angst vor dem Fremden, Zweifel an der eigenen Wahrnehmung, am eigenen Empfinden, an den eigenen Überzeugungen, berechtigte Zweifel, weil man ja noch gelernt hatte, eigenständig zu denken, fernab vom System.

Nur das System war auch nur ein System, das sich selbst durch falsche Glaubenssätze von seiner Existenzberechtigung überzeugte.

Ohne System, ohne Glauben, in der vermeintlichen Freiheit, die am Ende doch nur ein anderes System ist, bleibt man mit sich und seinen Gefühlen und Gedanken auf der Strecke - seltene Übergangswesen mit klarem Blick nach außen, ohne Mehrheit oder Stimme.

Von der großen Politik sind wir hier wahrlich weit entfernt, aber diese Situation hat viel mit dem zu tun, was hier fehlt.

Einsicht und Vertrauen.

Das Wild zu schützen, das man selbst wenig später bei ungerechten Jagden erlegen will, ist blanker Unsinn. Töten ist kein Exklusivrecht. Dass weder der Ort, an dem wir standen, noch der See daneben, noch die angrenzenden Wälder natürlichen Ursprungs und domestiziert sind, entbindet nicht vom Recht, die Natur zu schützen.

Der Mensch dort kümmert sich um „sein" selbstgebautes Idealbild. Nach innen wie nach außen.

Aus Angst, wenn man wie ein freudiger Hund bei der Fährtensuche durch das innere Dickicht stürmt, könnte man etwas aufscheuchen, etwas Wildes, Gefährliches, und die Situation geriete außer Kontrolle.

Kontrolle ist also Selbstschutz oder besser der Versuch, das Unkontrollierbare zu kontrollieren.

Weder der Wald, noch das Wild, noch ich, noch mein haariger Begleiter lassen sich wie früher an Grenzen sperren.

Unfrei kann man äußerlich sein, aber niemals im Geiste.

Das wissen der Baum, das Wild, der Hund und der Mensch - eigentlich.

Wir gehen - ohne Leine am Hals des Hundes und auch der Wächter der „Wildnis" murmelt etwas Unverständliches, wohl wissend, dass er diese Diskussion nicht zu seinen Gunsten entschieden hat, nie hätte entscheiden können, weil ihm der Mut fehlte, an das zu glauben, was er vertritt, weil er nicht überzeugt war, nicht durchsetzungsfähig und nicht laut genug.

Würde man die weltpolitische Geschichte über die des Försters legen, könnte man sagen, dass auch die Bürger der DDR einmal sehr mutig und stark waren und vor dem neuen System wieder in alte Muster verfielen, gelernt ist gelernt.

Dabei gäbe es so viel zu lernen von den Überlebenden, den Weltenwanderern zwischen den Systemen.

Man kann zuhören und lernen, auch von den vermeintlich Schwächeren. Nur sind die Letzten ihrer Art wohl des Kampfes müde und der Einsicht überdrüssig, dass ihre Ansichten doch nicht so falsch sind, wie man sie gemeinhin kommuniziert.

Es war schon immer einfacher, der Förster zu sein als das Wild, klüger ist es sowieso?

Aber wer führt das erfülltere Leben?

Unter Deiner Autobahn

Vögel zwitschern neben mir im Wald, Schmetterlinge und kleine Tiere zu meinen Füßen, ein Fluss so klar wie ein Bergsee zieht im Sonnenlicht an mir vorbei.

Unter einer Autobahn zu sitzen kann ungemein idyllisch sein, wenn man den donnernden Lärm und den Geruch verbrannten Treibstoffs ausblendet.

Warum ist die Schönheit heutzutage meist unter so viel Hektik und Gestank verborgen? Sie blüht in einem auf, oder versucht es zumindest, und man kann es trotzdem nur wenig spüren, fühlen, geschweige denn riechen, was sich da im Verborgenen angesammelt hat.

Mit dem Leben verbaut sich das Tal der Träume und Phantasien zu einem Zwang aus Beton, auf dem andere durch dich hindurchfahren.

Wenige Spuren werden hinterlassen, aber Du wirst benutzt, ausgenutzt, bis Du Risse bekommst und geflickt werden musst.

Damit nicht genug, dieses System beruht natürlich auf Gegenseitigkeit. Die Straßen, auf denen Du Dich bewegst, sind selten nur Deine eigenen.

Man kann kaum glauben, dass es hier Natur gibt, aber es gibt sie. Mit stolzer Demut lässt sich der Fluss hier nicht vertreiben, die Wälder wachsen, obwohl sie hier nicht gewollt sind, ebenso wie die Tiere und Pflanzen.

So lebt auch in uns ein Ökosystem, das sich nicht planieren, begradigen oder überbauen lässt. Es ist die Natur in Dir, und manchmal, wenn es draußen dunkel wird und weniger Autos über die Brücke Deines Lebens fahren, kannst Du leise das wahre Leben hören und spüren, das in Dir wohnt.

Der Kinski in Dir

Klaus Kinski. Wenn nicht alle so angepasst wären, würden manche wohl öfter durch die Gegend rennen und sich den Frust aus dem Leib schreien ... oder einfach mal ehrlich antworten.

Wenn ich mir die alten Videos von ihm ansehe, geht es mir wie vielen... da ist einer, der ist drüber, der ist verrückt, der redet wirres Zeug und ist doch in manchen Momenten so klar.

Von Emotionen gesteuert und vom Kokain getrieben wie ein wildes Tier im Affenzirkus.

Schöner kann Realsatire kaum sein.

Auf der einen Seite die Verzweiflung, dieses entfesselte Tier zu bändigen, auf der anderen Seite die Bewunderung für das Andere, das doch in uns allen steckt.

Langsam und immer mehr kommt es zum Vorschein, dieses bunte, wilde Leben, das gelebt werden will.

Aber bitte nicht zu wild und zu bunt.

Noch gibt es zu viele Normen und Regeln, um den Alltag der Menschen nicht durcheinander zu bringen. Denn wenn einer macht was er will, er vielleicht zu viele damit ansteckt:

Wo landen wir dann?
So werden die Einrichtungen und Praxen der Therapeuten nicht leerer von Menschen, die spüren, dass die Oberfläche nicht glücklich macht. Dass da mehr sein muss, mehr sein darf. Dass man mehr sagen und mehr Leben darf.

Die Sehnsucht nach dem Kinski in Dir.

Betäuben ist das einzige Gegenmittel, wenn die innere Stimme zu laut wird. Zum Schweigen bringen. Nicht werden, bitte immer schön sein und bleiben. Aber alles im Rahmen des Normalen.

Geregelte Zeiten. Geregelte Leben. Geregelte Gefühle. Geregelte Liebe. Geregelte Arbeit. Geregelter Beischlaf.

Ich hoffe, dass die Generationen, die nach uns kommen und die, die es jetzt spüren und sich aufmachen, die Welt zu entdecken, dass Sie sich nicht abschrecken lassen von dem Gefühl, aus dem Kollektiv der Normalen ausgeschlossen zu sein, wenn man nicht mehr mitspielt im Zirkus der leidenschaftslosen Routine.

Die Welt ist bunt, laut, immer aufregend, so groß und bereit zu geben, wenn man sich darauf einlässt.

Denen, die sich verstecken in Wohnungen und Häusern, Vorgärten und Hecken, Einfamilienhaussiedlungen und Eigentumswohnungen. Denen, die es sich leisten könnten zu experimentieren, macht das Leben Angst. Denen, die es sich nicht leisten können, ist das Leben zu schwer, um das Fliegen zu lernen.

Natürlich gibt es sie. Die Kinskies dieser Zeit, aber wie viel davon ist Kunst und wie viel davon ist echt.

Der echte Wahnsinn stirbt aus.

Wird behandelt. Diagnostiziert und pharmazeutisch auf eine Dosis eingestellt, die sich gut anfühlt. So gut, dass man am Ende über jedes Blümchen am Wegesrand staunt und sich im kleinsten Kosmos der Welt um sich selbst dreht und sich freut, wie schön endlich alles ist oder exakt dem Gegenteil davon.

Je kleiner die Welt, desto weniger Platz für das, was jeder sein will: etwas Besonderes. Theorien von der einen gemeinsamen Energie machen die Runde.

Wir sind alle verbunden.

Schade nur, dass ich davon nichts spüre.
Menschen geben Kraft und nehmen Lebenselixier.
Der Energieaustausch ist ausgeglichen.
Wer nicht gesehen wird, schreit lauter nach Aufmerksamkeit. Wer nicht fühlen darf, sabotiert die Gefühle der anderen.
Kinski war laut und aggressiv.
Er war ein Tier und damit in der Evolution wohl eine Stufe zurückgefallen, was die gleichzeitige Abneigung und Sympathie für diesen Sonderling erklärt.

Eine Erinnerung an das, was in uns steckt.

In jedem von uns.
Roh, pur, wild.

Wie das Leben einmal war.

Alles

Ich war alles,
dann verlor ich das Vertrauen.

Ich gab alles,
dann verlor ich den Mut.

Ich wollte alles,
dann verlor ich die Kraft.

Ich hatte alles,
dann verlor ich den Glauben.

Ich bekam alles,
dann verlor ich die Freude.

Ich sah alles,
dann verlor ich den Überblick.

Ich fühlte alles,
dann verlor ich das Gefühl.

Ich verstand alles,
dann verlor ich die Ideen.

Ich wusste alles,
dann verlor ich die Macht.

Ich versuchte alles,
dann verlor ich die Zeit.

Ich erlebte alles,
dann verlor ich die Erinnerung.

Ich liebte alles,
dann verlor ich die Liebe.

Ich ließ alles los,
und es fügte sich wieder zusammen.

Zeitenwende

Auf dem Parkplatz vor McDonald's sitzen Menschen mit großen Pupillen und verschwitzten Körpern. Sie sind blutjung und ausgemergelt von den schlaflosen Nächten.

„Nie wieder werde ich mein Herz an so eine Schlampe verschenken."

Offensichtlich hat nun der Dichter der Runde das Podium übernommen und hält eine flammende Rede über die Liebe, sein Leben und sein Leiden.

Die Leiden des jungen MDMA-Romeos wirken authentisch, ich fühle mit und steige aus dem Auto, um mir einen Kaffee zu holen.

Vor über 20 Jahren saß ich hier an dieser Stelle und durchlebte ähnliche Gefühle, ob es derselbe Zustand war, kann ich nicht mehr sagen, vielleicht war es so.

Wenn die Gefühle durch den Körper rasen wie ein Intercity in einem Durchgangsbahnhof, dann spürt man intensiv den Fahrtwind des Lebens an sich vorbeiziehen.

All das Leiden, Lieben und Leben - ein Lufthauch zwischen dem Hier da drüben und dem Jetzt hier. Man erlebt, spürt, wird geprägt, versucht festzuhalten - aber das Leben ist kein Bahnhof, es ist eine lange Strecke ohne Halt bis zum Ende.

Die Intensität, mit der Drogen einen das eigene Ich und die

eigene Gefühlswelt wahrnehmen lassen, ist unermesslich stark und es ist, als würde man die schwarz-weiße Lebensleinwand für einen kurzen Moment mit Farbe bewerfen.

So spüre ich mit meinem Kaffee in der Hand die Emotionen, die Leere und die Liebe, die Obdachlosigkeit als ultimativen Zustand, denn mehr als Menschen um sich herum und dieses Gefühl der Liebe braucht es nicht, um zufrieden zu sein - selbst hier auf dem Parkplatz vor McDonald's.

Niemand hier will jetzt ein teures Auto oder ein schönes Haus, sondern nur noch ein paar Stunden in diesem Zustand verweilen.

Das Farbfernsehen so lange hinauszögern, bis man wieder auf das graue Alltagsprogramm umschalten muss.

Das Lied des Einsiedlers

Das Ende vom Lied
ist, dass niemand mit Dir spielt.

Alles zu haben, ist arm.
Alles zu sein, ist anstrengend.
Alles zu wollen, ist leer.
Alles fühlen, ist zu wenig.
Alles lieben, ist zu viel.

Alles in Dir atmet auf.
Alles in mir zieht sich zusammen.
Alles in uns ist offen.

Alles, was kommt, muss nicht sein.
Alles was war, ist erlaubt.

Alles ist.
Alles kann.
Alles darf.
Alles muss.
Alles ist alles.
Alles ist der Anfang und das Ende.

Nabelschnur

Stattdessen ist der Akku des Telefons schon wieder leer.
Die schlimmste aller Erfindungen.
Die tragbar gewordene Zerstörung des Ich.
Nichts blieb, wie es war.
Kein Moment der Unschuld mehr genossen, keine Schönheit
unentdeckt. Noch dazu mit Bewertung bei Google versehen,
damit man schon vorher weiß, was einen erwartet.

Bevor man sich auf den Weg macht.

Dabei gibt es auf dieser Erde nicht unendlich viel zu entde-
cken. Für Dich war es vielleicht nur eine 3/5, für andere wäre
es eine 5/5 gewesen.
Wie soll man jemals wieder zufrieden sein mit Mittelmaß -
wenn jeder weiß, dass es woanders besser ist.

Es ist überall besser, nur nicht da, wo Du bist.

Ein Grashalm, ein Vogel, der zwitschert, der leichte Luft-
hauch auf meiner Haut, während die Sonne mich wärmt.
Ich kann das noch schreiben, aber gleich ist der Akku leer.
Dann bin ich offline und muss das alles erleben, ohne es
zu teilen oder zu bewerten. Hoffentlich schaffe ich es noch
rechtzeitig zurück zum Ladekabel.
Der neuen Nabelschnur des Menschen.

Letzte Bastion

Bis zur Hälfte Deines Lebens,
lernst Du vergebens.
In all den Büchern, zwischen all den Zeilen, versuchst Du,
Dein inneres Kind zu heilen.
Im Exzess und in der Lust,
versteckst Du all den Frust.
Mit Arbeit füllst Du Deine Leere,
nichts zu denken,
der einfachste Weg zur Fähre,

Wenn er es nur wäre.

Rapunzel, lass Dein Haar herunter,
dreh die Musik auf,
mach das Leben bunter.
Lass die Körner liegen und geh tanzen,
vergeude den Moment, Dich fortzupflanzen.
Sei Dir bewusst,
dass Du alles kannst und doch nichts musst.

Denken ist die größte Frustration.

Jeder Prinz wird ein alter König,
Deine Schönheit vergeht,
keine Neider,
endest we alle in einer Kiste ohne Kleider.

Der Moment, der sich so leicht anfühlt,
in Trauer, Wut und Hass gehüllt,

nur eine Episode ist,
wie vieles davon sich durch Dein Gedächtnis frisst.
Dessen Existenz Du selten bemerkst,
bis die Euphorie Dich tief beherzt.
Die Wahrhaftigkeit der Zeit,
Dich spät in der Nacht ereilt,
wenn alle schlafen,
nur Du sitzt,
denkst,
siegst
und Dich dabei wieder selber wiegst.

Den Mut am nächsten Morgen,
erdrücken all die Sorgen.

Schwiegermutter Normalität und solche Geister,
packen Dich und sind dein Kleister,
der Dich am Boden hält und zwingt,
Dich abzulenken,
doch es schwingt,
zwischen all den Gitterstäben hell hindurch,
das Lied der Freiheit,
gesungen ohne Furcht.

Endlich sitzt Du in Deinem Schloß,
zufrieden, wie es aus Dir floss.
Das Leben hast Du Dir hergenommen,
Ziele erreicht, Berge erklommen,
ist es möglich, dass etwas bleibt von Dir?
Zwischen all dem Jetzt und all dem Hier,
Deine Erinnerung als letzte Bastion,
des kurzen Lebens größter Lohn.

Bis auch im nächsten Jahrhundert niemand mehr weiß,
wer Du bist oder wie Du wirklich heißt.

Ausleseprozess nach Darwin

Ich schaue mir die Welt an und bin Passagier. Zünde hier und da eine Nebelkerze an, damit der Weg zurück nicht ganz verschwindet. Aber es gibt kein Zurück. Höchstens in die Zukunft.

Auf einem Berg in Thüringen, genannt das Barkhäuser Türmchen, finde ich meinen Frieden. Trotz der Autobahn in spürbarer Entfernung, trotz des Dauerregens, der gegen die Scheiben peitscht, trotz der Kälte hier im Auto. Es ist eine nasse, feuchte Kälte, weil ich beim Versuch, den Hund einzufangen, mehr Zeit im Regen verbracht habe, als mir lieb ist.

Das liegt natürlich an der Unerzogenheit. Vor allem aber daran, dass das Auto seit gut einer Woche mein Lebensmittelpunkt ist.

Meine ersten beiden Bücher halten mich vom Schreiben ab. Die Erkenntnis, dass sie wirklich nicht perfekt sind, kratzt an meinem Ego. Wie ein Maler, der Jahre später sein Werk betrachtet und sich vor Scham nicht mehr retten kann. Vorallem sind es die neuen Bücher, die mich blockieren. Ich habe zehntausend gute Zeilen und einige konkrete Projekte in der Tasche, ja sogar hier im Auto, aber ich fasse sie nicht an. Samenstau im Stift. Gibt es so etwas?

Sicher.

Wenn man zu viel denkt.

Überhaupt denken.

Was für eine sinnlose Eigenschaft, die das Leben im Alter zu einem Berg von Erinnerungen und Vorurteilen macht.

Ich freue mich auf die senile Phase.
Weniger merken, weniger denken.

Vielleicht saufe ich mir auch vorher den Kopf weg. Nicht so, dass es wehtut, eher dezent. Einiger meiner trinkenden Freunde erzählen Ihre Geschichten mit großem Patos und Inbrunst immer wieder zu verschiedenen Anlässen. Was muss das für ein schönes Leben sein.

Aufschieberitis ist übrigens eine schlimme Sache.

Diese Kiste, die ich jetzt zum Tippen benutze, so oft hätte ich sie am liebsten aus dem Fenster geworfen und hinterher geschrien: „Ich hab die Schnauze voll von Dir! Du gehst mir auf die Nerven! Hau ab mit Deinen blöden Apps und den zehntausend Möglichkeiten, sich zu beschäftigen. Du bist der Tod des sozialen Menschen! Ich will Dich nie wieder sehen!"

Und dann hätte ich das Fenster zugeknallt und mich im nächsten Moment gut gefühlt. Endlich habe ich es ihm gezeigt. Wer oder was glaubt das Ding überhaupt zu sein, dass es mir so viel Zeit stiehlt. Was interessiert mich das Leben der anderen, all der Fremden? Statt sich für sich selbst zu interessieren, verliert man den Überblick. Immer erreichbar und nie kommt das Gehirn zur Ruhe.

In 5 Jahren wird man sicher Grenzen einführen. Wenn man merkt, dass die Daueraktivität des Gehirns schädlich ist. Synapsen, die glühen, brennen irgendwann durch. Es wird dann anders heißen und irgendein Prof. Dr. hätte es empirisch beweisen können.

Heute heißt es noch Burnout. Der Ausleseprozess nach Darwin hat nie aufgehört und wer nicht genug Power hat, der fliegt halt aus dem System.

Das System der Leistungsgesellschaft, alles kalter Kaffee, ist bekannt. Es wird nur nichts dagegen unternommen.

Wenn mir 23-Jährige beim Training für den Halbmarathon von ihren Businessplänen erzählen und im Nebensatz erwähnen, dass sie sich eine Auszeit wünschen, dann befürchte ich, dass das Thema Schwäche auch für die Stärksten immer früher ein Thema wird.

Grenzen kennen.

Grenzen zu setzen, ist in unserer Gesellschaft genauso populär wie Nein zu sagen.

Dabei ist beides ganz einfach.

Man muss sich nur trauen, es zu sagen.

Es reicht ... wenn Du Dir erlaubst, die Wünsche, die Du in Dir trägst, loszulassen, wenn Du aufhörst, für teures Geld Lebensweisheiten von geschwätzigen Gurus zu kaufen und wenn Du bereit bist, Dein Handy und diese überhöhten Lebensziele aus dem Fenster zu werfen und diesem Wahnsinn ein Ende zu setzen.

Tyrannosaurus rex

Ich habe ihn überlebt - so weit, so gut.
Nüchtern betrachtet ist das Resümee natürlich ein Armutszeugnis.
Im Grunde bin ich gescheitert, vor allem an mir selbst.
Dass das Ganze auch etwas Gutes hat, kann ich im Moment noch nicht sehen und fühlen, zu tief sitzen die Biss-, Kratz- und Hiebspuren an Körper und Seele.

Es ist Samstagabend und ich bin allein, ganz allein, so richtig, alles auf O. Reinigung.
Die Barfrau meckert... „Scheiße", hätte man auch vorher merken können, dass man mit voll beladenen Armen nicht dem Koch die Tür aufmachen kann.
Die Gäste helfen und lachen, als die Tür zufällt.
Nebenan ist Poetry Slam, Poesie die reinknallt, na bitte.
Der Saal ist voll, noch zu voll für mich, vielleicht in der zweiten Runde mal reintrauen, um zu sehen, wie mit Worten jongliert wird.
Vielleicht ist es ganz gut oder so schlecht, dass ich mich irgendwann selbst traue?

Wo waren wir stehen geblieben, ach ja, Tyrannusaurus rex, **atmen!**
Allein der Gedanke daran löst Panik ungeahnten Ausmaßes aus. Waren bisher eher die ruhigen Verrückten meine Spezialität - Typ scheues Reh - nun also auch mal Erfahrung im Drachenrevier.

Die Menge brüllt, als hätte sie meine Gedanken gelesen.

Ja, da muss man auch mal laut applaudieren.
Ich hatte nicht mal einen Helm auf, war am Ende völlig
nackt und auch mein Schwert zwischen den Beinen konnte
dem Tier nicht Einhalt gebieten.

Was für ein erlebnisreicher Kampf in den letzten Monaten,
jede Geschichte, in der man das Ungeheuer töten kann,
um die Prinzessin zu retten, klingt für mich wie Hohn und
Spott.

Dabei habe ich sogar versucht das Biest zu zähmen - wie bei
Shrek - da hat es auch geklappt - hätte ich diesen Scheißfilm
nie gesehen - wäre ich nie auf so eine blöde Idee gekommen.

Jetzt heißt es Wunden lecken und schauen, wo der Fehler
lag. Das System muss eindeutig neu justiert werden. So kann
es nicht weitergehen.

Warum sollte man sich überhaupt auf so einen sinnlosen
Kampf einlassen für so eine scheiß Alte (Prinzessin).

**Warum nimmst Du nicht einfach die Magd vom Dorf-
platz da am Metzgerstand?**

Die kümmert sich, die ist fleißig, die ist vielleicht nicht so
attraktiv, aber mein Gott, es geht ums Überleben.
Sollen sich doch die anderen den Scheiß antun - so soll das
Märchen laufen, der Held stürmt los, sieht das Problem und
denkt sich „Oh nein, das ist mir jetzt zu gefährlich, da hab
ich jetzt keinen Bock drauf.

**Ich hol mir lieber ein Bier und guck mal, was im Dorf so
los ist.**

Und warum muss der Kerl immer kämpfen.
Soll die Alte (Prinzessin) doch schauen, dass sie aus dem
Schlamassel wieder rauskommt - irgendwie ist sie ja auch da

reingerutscht - selbst schuld, sie soll sich lieber mal fra-
gen, warum es so gekommen ist - heutzutage geht es ja um
Selbsterkenntnis und diesen ganzen Reflexionskäse.
Ich reflektiere jetzt, dass es manchmal gar nicht sein muss,
dass man da rauf muss - auf den Berg - egal welchen, von
unten gucken, Fotos machen und weiterlaufen.

Ich glaube das ist es - der Anspruch ist des eigenen Schick-
sals Schmied und den darf man im Leben gerne auch mal
hinterfragen.

Schatten

Der Schatten kommt und der Schatten geht,
wenn man ihn denn überlebt.

Zwischen Gedeih und Verderben,
das Leben oft in Scherben.

Löwenzahn wächst aus den Kratern der Vergangenheit,
keine Sonnenblume, eher Flach und von Nichtigkeit,
Unkraut ähnlich, schmeckt es doch,
für den, der aus dem Loche kroch.

Alte Straßen aufgerissen, alte Gedanken sind verschlissen.
Neues Blut, stärker und klarer,
für eine Weile ist das Leben wahrer.

Die Zeit davor war wie im Chor, derer die Du nicht mehr
hören kannst und trotzdem Dich durchs Lebens zwangst.
Dein Tag als dunkle Haut tapeziert,
mit Dir durch den Tag spaziert.
So ist die Nacht meist ohne Schatten,
leer an Gedanken lässt Dich ermatten

Mehr Luft, mehr tun.
Mehr Lieben, mehr lachen,
Mehr Leben, mehr sein.
Mehr geben, mehr nehmen.
Mehr nach vorn, mehr nach oben.
Mehr Sonne, mehr Schatten.

Löwe

Die Tage vergehen.

Wie Regentropfen am Fenster ziehen sie vorbei. Unaufhalt-
sam perlt die Zeit ab. Wasserabweisend wie eine Schutz-
schicht.

Es gibt keinen Halt, wo das Wissen um die Endlichkeit den
Sinn raubt.

Arrrrrwwwghhh. (Löwengebrüll)

Möchtest brüllen wie ein Löwe so **laut**.
Möchtest sein wie ein Löwe so **brutal**.
Möchtest zupacken wie ein Löwe so **stark**.
Möchtest vorstoßen wie ein Löwe so **mutig**.
Möchtest fressen wie ein Löwe so **unbarmherzig**.
Möchtest ruhen wie ein Löwe so **majestätisch**.

Ist der Bann gebrochen, der Löwe erwacht?

Jeden Tag klopft die Frage an die Tür. Lässt ruhen, nur eine
Pranke erhebt sich. Das innere Feuer brennt, sehnt sich nach
mehr, als die Bildschirme je befriedigen können.

Satt ist der Makel.

Sehnsucht der falsche Ratgeber.

Verbranntes Öl

Das Auto riecht komisch.

Wie ein alter Mensch am Ende seines Lebens.

Die Finger sind kalt und versuchen festzuhalten, was draußen und drinnen passiert.

Warum bleibt man, wie man ist, während die Welt einen vergisst?

Weltenwandern als belebendes Instrument.

Wer sich niederlässt, bereitet sich vor anzukommen. Und das ist die Vorstufe zur Einäscherung.

Denke ich. Jetzt jedenfalls.

Deshalb habe ich wohl so meine Probleme mit Ruhe und Stillstand.

Mit dem Alter wird das alles besser, das spürt man.
Auch das Loslassen?

Ist das Leben eine Ansammlung von Entwicklungen und Begegnungen. Wie viel davon kann man vorher denken und hinterher fühlen?

Sind wir Spielball oder spielen wir Mikado mit den Stelzen, auf denen wir durchs Leben humpeln?

Eine stark geschminkte Frau steigt aus dem Auto und spannt,
noch halb sitzend, den Regenschirm auf. Es nieselt. Wil-
des Gestikulieren und mahnende Worte an den Fahrer.
Im Vorbeifahren kann ich Ihn nur bis zum Hals sehen, wo-
möglich steht es ihm auch bis dahin. Sie stapft von dannen
in Richtung Landungsbrücken und hinterlässt einen Hauch
von frisch gewaschener, überparfümierter Luft. Folge ihr und
biege dann ab, denn die Gewissheit, nie so zu sein oder sein zu
wollen, trägt mich in eine andere Richtung. Wenn man zu viel
Geld hat und nur genug Langeweile kann man sich wohl über
alles aufregen.

Womit soll man sich beschäftigen, wenn einem das Schicksal
die täglichen Sorgen genommen hat?

Innere Ruhe könnte sich schnell einstellen, Zufriedenheit,
im schlimmsten Fall Seligkeit. Zum Glück kann man sich
immer noch vergleichen und nach oben ist immer Luft, die
einem die Kehle enger schnürt.

Von außen betrachtet sieht das sehr anstrengend aus, aber
was soll ich sagen. Ich steige in mein altes Auto und es riecht
nach altem, verbranntem Öl. So riechen wohl Autos, die bald
sterben, denke ich mir und finde es Quatsch, wie die Frau
auf das Äußere besonderen Wert zu legen.

Alles nur Fassade, nach außen hin schön gemacht.

Morgen neuer Job, neues Fassadenleben. Wenn das vorbei
ist, bin ich frei.

Wenn ich es nur aushalten könnte.

Wachwisch

Wo die Felder glühen, ist die Ruhe, die Du suchst.
Gibt es die Natur die laut ist.
Kannst Du fühlen, ohne den Lärm von draußen?
Ohne Bouldern, ohne Flohmärkte, ohne Yoga und geführte
Meditation.

Wo die Traktoren Nebelschwaden hinterlassen, gibt es eine
Welt, die Dir das Meer nicht bieten kann.

Wenn Du suchst, suche nahe bei Dir.

Fliege nicht nach Bali, fahre nach Bergsulza und wandere auf
den Wachwisch.

Dort findest Du den Frieden, den Du suchst.
Es gibt nicht mehr viele solcher Orte. Weit weg von Industrie und Autobahn und doch so nah, dass Du Dich zu Hause
fühlst.

Heimat löst etwas aus und öffnet etwas.

Geh da rein.
Geh dahin.
Lass Dich fallen in Deine Kindheit.
Sieh es Dir an.
Genieße die Vergangenheit.

Nimm sie mit in Deine Zukunft.

Mache Dir bewusst, wie erfüllt Du warst und bist.
Erlebe wieder die Leichtigkeit.
Sei Kind und versuche es zu bleiben.
Lauf weg wenn es Dir nicht mehr gefällt.
Ruh Dich aus wenn Du müde bist.
Weine wenn es weh tut.
Liebe wenn es sich gut anfühlt.

Übertreibe es, bis Du merkst, dass es nicht gut ist.

Nimm es leicht, genieße es und dann geh in Dankbarkeit und Würde auf Deine Wege.

Von 0 auf 100

In den 0ern wirst Du erzogen

In den 10ern wirst Du verzogen

In den 20ern bekommt das Leben einen Knick

In den 30ern ist das Leben verstrickt

In den 40ern wird es reflektiert

In den 50ern sieht man es kommen

In den 60ern erlebt man die letzten Freuden.

In den 70ern verzweifelt man daran

In den 80ern klammert man sich ans Floß

In den 90ern hat man die Koffer immer griffbereit

In den 100ern ist jeder Tag einzigartig.

Orthopädische Erotik
mit Frau Dr. Söckchen

Ich sitze in der überfüllten Praxis eines orthopädischen Zentrums und lasse meinen Blick zwischen der Zeitung auf meinem Schoß und dem Kommen und Gehen im Wartezimmer hin und her schweifen. Eine ältere Dame meint, heute ihre Showmasterqualitäten unter Beweis stellen zu müssen und moderiert die illustre Runde der Gelenkgeschädigten.

Zwischen Rheuma und Arthritis sitze ich mit den Nachwirkungen meines ersten kleinen Bandscheibenvorfalls und freue mich auf ein baldiges Wiedersehen mit der angestellten jungen Ärztin in Ausbildung - von mir liebevoll Söckchen genannt.

Bei meinen letzten beiden Besuchen in dieser, zumindest für mich, neuerdings durchaus erotischen Einrichtung erlebte ich wunderbare Momente mit einer Ärztin, die noch nicht so recht wusste, was sie tat, aber allein durch ihre Aura Entzündungswerte senken konte.

Dabei trug sie immer ein Paar Socken, die durchaus in den Kleiderschrank einer 13-Jährigen gehören könnten. Aber gerade das unterstrich womöglich den unwiderstehlichen Kontrast zwischen schlichtem Arztkittel und schüchterner Unsicherheit.

Solche Momente sind selten im Leben.

Die Tür des Wartezimmers geht auf, ein neuer Patient betritt den Raum, sein lautes Hallo in die Runde bleibt unerwidert.

Gleich dahinter aber Frau Dr. Söckchen auf der Suche nach ihrem nächsten Patienten. Ich bin es leider nicht und so vertiefe ich mich wieder in meine Bunte und den Gedanken, was neben dem weißen Kittel und dem wilden Sockenmix noch Ungewöhnliches bei ihr zum Vorschein kommen könnte.

Zeit für Reflektionen im Alltagstrubel:
Meine letzten amorösen Verabredungen beinhalteten alles, was das Leben so an Störungsbildern zu bieten hat. Zwangsstörungen, Paranoia, Traumata und natürlich ADHS. Während ich so tief analysiere, frage ich mich insgeheim, suche ich mir diese Menschen gezielt aus oder sind heutzutage alle verrückt geworden? Vielleicht ist es einfach die Lebensphase Anfang 40, in der alle Neurosen aufbrechen wie die Aknepickel eines 13-Jährigen. Vielleicht sind es auch die Wechseljahre oder eine neue Form der allgemeinen Midlife-Crisis.

Die Männer in meinem Freundeskreis entwickeln sich eher nicht so hinterfragend, aber die Frauen erleben die 30er und 40er wohl als letzte große Chance, aus ihrem alten Leben und ihren alten Mustern auszubrechen.

Alles verständlich, alles richtig, aber muss man gleich das ganze Leben und die Liebe ändern? Überall werden Rettungsanker geworfen, dabei bleibt das Meer doch gleich. Ein paar Jahre fühlt man sich neu, macht inspirierende Erfahrungen, hat ein paar aufregende Affären, exzessive Momente, um dann doch wieder in einer vernünftigen Beziehung mit der optimierten Version des letzten Partners zu landen.

Ein fragwürdiges Update dank Festplattentausch.

Im Grunde haben wir alle keine Probleme, außer den hausgemachten.

Alles, woran man zweifelt, ist die eigene Suppe mit den

Zutaten, die man selbst hineingetan hat - auslöffeln will sie natürlich niemand, schon gar nicht mit dem Partner, mit dem man sich die Suppe eingebrockt hat.

Demut und Ausdauer sind selten geworden.

Statt das Leben zu genießen, will man optimieren, analysieren, heilen, aufarbeiten, spiegeln. In die Tiefe gehen, um des Rätsels Lösung zu finden, die doch nur lautet: Du wirst geboren, Du pflanzt Dich fort oder auch nicht, und dann stirbst Du. Ob reich oder arm, dumm oder klug, das spielt keine Rolle. Wert ist eine Illusion, die das Dasein kompliziert und nervös macht.

Die Augenblicke verlieren ihren Zauber in der Ohnmacht der Gedanken.

Man ist, was man isst, und so wird jeder vermeintlich falsche Bissen zur moralischen Zerreißprobe.

Ich kann nur sagen: Es lohnt sich nicht. Nicht zu fragen warum, sondern zu versuchen und zu tun. Nicht analysieren und fürchten, sondern leben. Nicht optimieren, sondern annehmen. Das Leben auf einem anderen Planeten erscheint immer verlockender und erstrebenswerter, aber wenn man erst einmal dort ist, vermisst man sein altes Raumschiff und die heimatliche Umlaufbahn.

Heimat in sich selbst und dem drumherum.

Man kann sich in seinen Reisen und Verabredungen verlieren. Möglichkeiten weiten den Geist, bis die nahende Unendlichkeit einem den Boden unter den Füßen wegzieht und man sich nach einem Stück selbstgebackenem Kuchen in der alten Bäckerei sehnt, an dem Ort, den man kennt, von dem Bäcker, dem man vertraut.

Mit Frau Söckchen wird es heute bei unserem 3. Termin intimer. Nicht nur, dass ich mich bis auf die Unterhose ausziehen muss. Zu ihrer Bewegungsanalyse der Lendenwirbelsäule gehören auch Berührungen an den Beinen und ein Funktionstest des Beckenbereichs.

„Erst das Knie, dann die Schulter und jetzt der Rücken - langsam gehen mir die Ideen aus" - sie lächelt, weiß aber (noch) nicht so recht, wie sie mit einem solchen Kompliment professionell umgehen soll. Nachdem sie mir mein Rezept aufgeschrieben hat, lächle ich ein letztes Mal mit dem unschuldigsten Lächeln, das ich auf Lager habe und wirke wohl gerade deshalb wie ein flüchtiger Sexualstraftäter. Das Lächeln wird skeptisch beäugt und nicht erwidert.

Einige Zeit später sehe ich Sie zufällig in der Stadt wieder. Sie in Begleitung, ich ebenfalls in ein Gespräch vertieft, und doch schaut sie mir eine Sekunde zu lange in die Augen. Im Vorbeigehen wirft sie mir ein Lächeln zu, das alles und die Welt bedeuten kann, und ich überlege, welcher Körperteil orthopädisch gesehen für den nächsten Besuch bei ihr der Grund sein könnte.

Relativitätstheorie III

Wenn Männer sich verlieben, ist es etwas Körperliches, wenn Frauen sich verlieben, etwas Utopisches.

Die Immerliegenden

Geht auf die Friedhöfe.

Seht sie an, die Toten, ehemalige Lebenden.

Ordentlich liegen sie da, reduziert auf Zahlen und Buchstaben.

Atmet ab und zu den Atem des Todes ein, denn er befreit euch von den kleinen und großen Dramen, in denen ihr angeblich steckt.

Du bist nichts, Du warst nichts, Du wirst nichts sein und von Dir bleibt nicht viel.

Das ist kein depressiver Gedanke, das ist die schöne reinigende Wirklichkeit der Freiheit und der Leichtigkeit.

Die Mehrheit versteht das nicht und lebt im Krampf und Kampf mit sich und der Welt. Und selbst wenn man es versteht, ist es nicht immer leicht, diese Gedanken immer wieder auf die Landkarte des Lebens zu projizieren.

Sturheit, Angst, Druck, Unruhe, weil Du weißt, dass es kein Entkommen gibt, egal wie sehr Du Dich anstrengst.

Iss, wenn Du Hunger hast, ficke, wenn Du geil bist, schlafe, wenn Du müde bist, fluche, wenn Du wütend bist - Du bist ein Lebewesen.

Sei ein Fehler im System der Unmenschlichkeit und Regelwut.

Suche Dir einen Ort, an dem Du sein kannst. Lass Dich nicht verführen von Dingen, die keinen Wert haben. Denke quer, aber vor allem höre auf Deine innere Stimme, auch wenn sie vermeintlich falsch ist. Es gibt kein richtig, es gibt nur falsch.

Das falsche Leben verursacht Leid und Schmerz, das falsche Leben lebst Du, weil Du es für andere lebst. Geh auf den Friedhof und lass Dir all die Geschichten und Dramen erzählen, von den Lebenden, die dort begraben sind, mit all ihren Erfahrungen. Deine Geburt war eine Einbahnstraße. Vor Dir und nach Dir Millionen Legionen.

Finde Frieden in Dir und mir Dir.

Luftschläge

Mit den Füßen im Wasser stehend.

Schreiben ist immer auch ein Stück weit Leiden.

Das verstehen nur Schriftsteller, nicht die Schönwetter-Wortakrobaten, die mit ihren Geschichten unterhalten und versuchen, durch Reizüberflutung abgestumpfte Gehirnwindungen in Konstruktionen zu aktivieren.

Ich sinke tiefer.

Unter dem Sand liegt der morastige Aushub des letzten Winters. Es ist ein widerliches Gefühl. Klebt und lässt nicht los. Würde die Sonne nicht auf meinen Rücken brennen, könnte es auch der Boden eines Dschungels oder eines Sumpfes sein.

Das Kind schaut mich an und weiß nichts, ahnt aber alles. Zornesfalten, jetzt schon. Die Hände fuchteln unkoordiniert in der Luft. So wird es auch später sein, nur dass man den hektischen Armbewegungen und verkrampften Fingergriffen irgendeine essentielle Wirkung zutraut. Stattdessen nur Luftschläge.

Die, die gerade gekommen sind, sind schon wieder weg. Ein Tag am Meer als Tourist ist die Essenz des Lebens. Alt, jung, durchschnittlich. Jede Nuance des Lebens zeigt sich in Reinform. Ob am Imbisswagen oder hier am Strand. Ob Piccolo oder Pommes mit Mayo. Überfordert und unterfordert.

Sie kommen und sie gehen.

Namenlose Wanderer auf ihrem Weg zur Erde, zu Besuch an einem Ort, an dem die Unendlichkeit eine annähernd greifbare Form annimmt und das eigene Sein in den unzähligen Wellen, die ans Ufer schlagen, versandet.

Lassen

Loslassen.
Rauslassen.
Stehen lassen.
Verlassen.
Gehen lassen.
Zu lassen.
Einlassen.
Nicht den Stift suchen.
Ein anderer tut es auch.
Schreibt nicht schwarz, sondern Blau!
Finde Deine Farbe.
Lebe Dein Weiß.
Sei Kunst und schaffe Dein Werk.
Finde Fremde, neue Freunde.
Der Rückspiegel ist immer sehr klein.
Steige um.
Nimm den Bus, nimm den Zug, nimm auch das Flugzeug.
Du kannst auch tauchen.
Sei (k)ein Frosch.
Spiele das Spiel.
Versuche nicht zu gewinnen.
Zünde das Streichholz an.
Greif nach dem Strohalm.
Atme ein.
Brenne alles nieder.
Lösche das Feuer.
Spiele mit der Asche.
Mache alles im Nichts.

Alle fotografieren Kaffee

Was hat es mit diesem schwarzen Gebräu auf sich, dass man ständig mit porträthaften Stillleben davon konfrontiert wird? Ist es das schwarze Loch, in dem man sich selbst und seine Vergangenheit verschwinden lässt?

Oder bedeutet der Anblick einer Tasse brauner Soße: „Hier wird gearbeitet. Nein, ich falle nicht ins Delirium, ich habe mir die Mühe gemacht, eine Tasse Kaffee aufzusetzen, und jetzt steht er da und strotzt vor Energie. So wie ich, wie ich das Foto von ihm mache.

Dann schütten sie sich das Zeug in den Körper wie Benzin in den Motor und dann geht es richtig los, ergo ohne Kaffee geht schon mal garnichts los. Dann geht schon mal garnichts oder nicht viel, auf jeden Fall wenig.

Wer den Antrieb braucht um seine vermeintliche Leidenschaft auszuüben, der hat dann vielleicht doch weniger Leidenschaft in sich als er denkt.

Man denkt, ein Picasso hätte sich immer erst einen Kaffee machen müssen, aber dann! Wohl eher nicht.

Ein Bach, der nicht sprudelt, braucht auch keine Pumpe.

Da läuft man eher Gefahr mit sich selbst in eine Art Zwangszustand zu geraten, ich habe keine wirkliche Leidenschaft und kein Talent dafür, aber ich schütte erst mal Energie rein.

Natürlich könnte man jetzt argumentieren, ja der Wille ist groß und der Spaß gehört auch dazu. Aber weit gefehlt.

Kunst ist Leidenschaft.

Anstrengung.

Kein Wohlfühlarrangement. Keine bequeme Sache. Eher die Behausung einer Geburt. Nahe an der Verzweiflung, nahe am Abgrund, da ist die kleine Goldader, und man kann sie nicht erzwingen, auch nicht mit Kaffee.

Seht, ich habe es mir schön gemacht. Es ist ein Wettlauf der schönen Momente geworden. Als könnte man sie festhalten, mit einem Bild, diese Idioten. Als wäre man glücklicher, mit all den Jahren und all den gestellten Bildern mit einem Kaffeebecher drauf.

Als wäre das Leben so einfach zu arrangieren.

Atmen lernen

Es geht irgendwann zu Ende, dieses Leben, und in den schönsten Momenten ist es am schwersten.

In Situationen, in denen nicht viel passiert, aber alles fließt, nach außen, in Dich hinein und aus dir heraus. Wenn die Energien Deines Lebens ihren situativen Höhepunkt erreichen und ineinander fließen wie am Ende eines guten Films. So fühlen sich diese Minuten, Stunden, manchmal Tage an... Wenn Du erntest, was manchmal Jahre zum Reifen brauchte, wenn Schicksal und Zufall Momente der Zufriedenheit ergänzen und so etwas wie Glück Dich durchströmt.

Ohne dass wirklich etwas passiert.

Nur weil alles so ist, wie es ist.

Nicht durch Alkohol, nicht durch Drogen, nein, das Leben ist ein Labyrinth aus losen Fäden, die sich, gut gestrickt und gehalten, zu einem Teppich zusammenfügen, der Dich für einen Moment schweben lässt.

Der als Erinnerung bleibt, für all die Momente, in denen es regnet und du die Dunkelheit spürst. Wenn Dir bewusst wird, dass da nichts ist und nichts mehr sein wird, als die Erinnerung an diese Momente des Lebensglücks.

Der Gedanke, dass es das ist, was man nicht kaufen kann, dass es nichts Materielles ist, dass es viel Leben und Liebe ist.

Und Mut.

Mut, der zu sein, der man ist und sein will. Zu lieben, was ist und was kommt.

Zu ertrinken und dabei atmen zu lernen.

Kontrollverlust

Auszeit. Freiheit. Einsamkeit.

Sind wir jetzt alle verrückt? Ein Paar sieht mich durch den Supermarkt laufen. Sie schreit: „Wo ist deine Maske?!" Ich möchte ihr ins Gesicht beißen, aber dazu fehlt mir die Wut. Vielleicht das gleiche Wort mit M. Noch.

Fühle schon mehr als sonst.

Auf dem Rückweg zum Auto stehe ich an der Einfahrtsschranke und komme nicht raus. In Supermärkte geht man immer leer rein und darf nur voll wieder raus. Ist das jetzt eine tiefenpsychologische Konditionierung? Unbewusst. Überhaupt unbewusst. Träume. Schlafen. Viel zu wichtig, aber es gibt Wichtigeres. Nächte am Meer zum Beispiel. Gefangen im Wohnmobil.

Schuldig.

Natürlich.

Der Hund liegt nebenan.

Selbst tierische Geräusche können ihn nicht wecken. Gut erzogene Fellnase. Kriecht nach einer Stunde Schlaf ins Freie. 5 Uhr. Warum steht die Sonne schon so hoch und warum sind die Straßen so voll? Sonnenbrille hilft gegen Blindheit.

Zwischenmenschlich natürlich nicht.

Leg mich schlafen.
Komme zu spät.
Alles egal.
Leben statt arbeiten.
Stunden müder Konsequenz lohnen sich.
Bleiern die Gedanken.

Der Kreis des Vertrauens im Garten.
Sie erzählt von Ihren Schmerzen überall am Körper, immer.
Was soll man da noch therapieren.
Der Schmerz als Lebensinhalt.

Auch das.
Es ist, wie es ist.
Schlafen.
Träumen.
Jetzt wieder ans Meer.
Eiskalt.

Erde im Wasser. Gehen.
Atmen. Ruhig.

Auch wenn der Körper in eisige Alarmbereitschaft versetzt
wurde.
Kontrolle übernehmen und wieder abgeben.

Tägliche Routine.

Realität der Träume

Ich liege im Bett und schaue aus dem Fenster, wo sich dicke Regentropfen sammeln, um gemeinsam langsam zu Boden zu gleiten. Ein paar Vögel trotzen dem Sturm und fliegen vorbei, der Wind weht stark und die große Tanne vor meinem Fenster hebt ihre Äste auf und ab.

Es ist Juni und trotz des Regens sehr warm. Nichts ist aufregend an diesem Tag. Trotzdem begleitet mich das Herz bis zum Abend.

Ich schaffe es, ein Buch zu lesen und vielleicht später ein paar Worte zu schreiben.

Die Frau neben mir ist Rechtsanwältin und liest das Zeitmagazin. Sie hat mir gerade gestanden, dass sie in mich verknallt ist. Das hat sie gesagt, bevor wir Sex hatten. Ich habe währenddessen über diese Worte nachgedacht. Über das Verliebtsein und die Liebe.

Ich erinnerte mich an einen Abend vor nicht allzu langer Zeit, an dem ich meine Jugendliebe versetzt hatte. Ich hatte einfach zu wenig Zeit und entschied mich am Abend für ein Abenteuer mit einer Unbekannten, anstatt mich mit ihr zu treffen. Das hat mich sehr belastet. Erst als sie mir abends schrieb, was ich verpassen würde, dazu ein Foto von ihrem (bekleideten) Bein, ein plastikverpacktes chinesisches Essen und ein Sonnenuntergang.

Den ganzen Abend ließ sich der Gedanke, etwas Großes zu

verpassen, nicht wirklich verdrängen, selbst als das Abenteuer auf der Hollywoodschaukel ihrer Eltern in meiner Hose herumspielte (das ist eine andere Geschichte). Jedenfalls ließ mich das Gefühl nicht los, die ganze Nacht schrieb ich noch Nachrichten, lud zum Frühstück ein, wohl wissend, dass das Quatsch war.

Der Ärger hielt tagelang an, eigentlich war es Wut, aber das verstand ich erst später. Wie ist das jetzt mit dem Verknallen und der Liebe.

Über 20 Jahre verknallt zu sein, fühlt sich komisch an.

Aber warum denke ich jetzt darüber nach?

Während ich hier liege, nicht allein, Wochen später.
Weil es wohl Momente im Leben gibt, die nicht wiederkommen.

Prüfungen, die einem das Leben stellt.

Wer weiß, vielleicht wäre dieser Abend so verlaufen, wie ich es mir so lange erhofft habe.

Zwei Plastikschalen verschmelzen im Sonnenuntergang zu einem endlich erlösenden Ganzen.

Heimat im Herzen.

Das ist es wohl, was meine Gedanken so abschweifen lässt.

Die Sehnsucht nach der Zeit und dem Ort, der längst vergangen ist.
Nach dem Menschen, der nie so sein wird wie es die Gedanken erschwindeln.
Nach dem Blick, der mich schon mein ganzes Leben lang berührt und doch nichts ist als ein Lufthauch der Einbildung.

Nach einer Stimme, die erklingt, wo kein anderer Klang so schöne Gefühle auslösen kann.

Im Reich der Utopie sind alle Gefühle realitätsungetrübt.

So träumt man manchmal vom Leben während es geschieht und lebt zwischen den Zeiten in einer anderen Welt, die voll ist mit den immerwährenden Prüfungen, ob man wirklich bereit ist für die Realität der Träume.

Medizinschrank

Nachtfahrt. Keine Rast. Die Ruhe in mir noch nicht gefunden, aber auf einem guten Weg. Radio laut gestellt. Die Playlist spielt meine aktuellen Lieblingssongs. Die Umgebung wechselt, aus der hellen Küste wird dunkler Wald am Wegesrand, bevor die Lichter der Großstadt auftauchen. Hinein ins Straßenlabyrinth.

Finde ich sie?

Stehe vor einem fremden Haus in einer fremden Gegend. Dunkle Gestalten, Vagabunden um mich herum.

Sedierter Zustand meiner Gastgeberin. Die Wohnung perfekt bis ins kleinste Detail. Meisterhaft. Beobachte und scanne, es ist zu ruhig. Das Bedürfnis nach Nähe, Verzweiflung, Sehnsucht. Ein großes Puzzle auf dem Küchentisch, selbst bemalte Eier am Strauch, kurz vor Ostern. Alles sehr gemütlich, trotzdem ist der Hund sehr unruhig. Das Schlafzimmer ist vorbereitet, Kerzen und Chili Gonzales. Lasagne im Ofen und Tee auf der Bettkante.

Vielleicht hat das alles doch einen Sinn?

Es fühlt sich nicht gut an, aber ich bleibe. Falsche Erziehung. Sie steht neben sich, jetzt im Nachhinein macht es Sinn.

Sie ist benommen, ihr Badezimmerschrank verrät mir warum. Fluchtgedanken. Dann tut sie mir leid. Helfersyndrom. Wenigstens ein bisschen Nähe. Erinnere mich an mein Bett, wie ich dort vorhin friedlich lag. Eine Meditation hatte mir die Last genommen. Frieden in mir. Al Bundy zündet seine Show in der Kiste vor mir. Das künstliche Publikum lacht. Es gibt keinen Applaus.

Ist es das wert?

Ich fühle mich wie Heinz Honka und schäme mich dafür. Habe mir neulich sogar eine ähnliche Brille gekauft. Was für eine Sucht. Mein Bedürfnis nach Nähe. Das Bett ist durchgelegen, das Gewicht hat seine Spuren hinterlassen. Unrasiert. Schlabberhemd. Die Schuhe fein säuberlich sortiert. Die Wände perfekt mit Farbverläufen gestaltet. Alles perfekt und doch aus den Fugen geraten.

Das Genie eingezäunt und zum Funktionieren gebracht. Das Tier domestiziert. Selbstschutz. An der Tür hängt ein kleiner Zettel vor dem Schloss.

„Eine gute Idee?"

Negroamaro

Eine Bank am Arsch der Heide, der Kopf zerfetzt, der Körper auf das Wesentliche reduziert, Stechen in der Brustgegend, eine Rennmaschine auf der Autobahn hinter mir, ein Alkoholrülpser.

So kann es sein, so ist es, einfach nichts und niemand da, außer ok, ja ich hab Dich gehört, die Kuh am anderen Ende der Heide.

Wie die da stehen und gucken, da könnte man neidisch werden. Fressen den ganzen Tag Ballaststoffe, scheren sich einen Dreck um ihre Figur, im Gegenteil, je dicker, desto besser.

Oder schon mal einen richtig fetten Bullen gesehen, der in Weightwatchermanier nur die dünnen Grashalme frisst?

Fressen, Schlafen, Ficken - aber das nur ganz selten, wegen der Fortpflanzung, nicht weil es geil ist.

Die Kuh mit ihrem Minihirn und reduzierten Instinkten verfällt also nicht der Paarungssucht, der Mensch, dieses universelle, großartige Wesen aber schon. Was ist da los?

Warum stehen wir nicht einfach auf der Weide, Fressen, Scheißen, Atmen ... und lassen uns ansonsten den Rest der Kacke gepflegt den Arsch runterrutschen.

Okay. Die Rinder hier haben Meerblick und das ist ihnen egal. Sie würden sogar einen engen Stahl bevorzugen, wenn das Futter dort besser wäre.

Die Schönheit erleben, aber nicht sehen, da haben sie etwas mit dem Homus Erctus gemeinsam.

Nicht das Meer ist schön, sondern die Ruhe, die es ausstrahlt. Nicht der Sonnenuntergang ist schön, sondern die Ruhe des Tages, die er symbolisiert.

Aber was ist mit dem Sonnenaufgang?

Warum versammeln sich die Menschen nicht um 5 Uhr morgens, um diesen Anblick zu genießen?

Es liegt ein Zauber in diesem Anfang, der Moment des Neubeginns, des Tages, das Leben erwacht, man hat noch so viele Momente vor sich. Der Abend, der Untergang, das ist immer irgendwie auch eine Geschichte, die zu Ende geht.

Das reicht mir nicht, ich mache oft die Nacht zum Tag.

Weil ich das Ende nicht akzeptieren kann, weil ich glaube, dass ich damit der Zeit ein Schnippchen schlagen kann, weil es einfach schöner ist, wenn man das Gefühl hat, dass die Uhr etwas langsamer tickt und alles um einen herum im Entspannungsmodus ist.

So wie die Welt eigentlich sein sollte, so wie sie gesund ist, nicht getrieben von der Zeit, der Gier und all den anderen Idealen, denen wir so hinterher jagen. Wir sind auf der Jagd, immer und ständig. Oder wir sammeln, aber wir sind zu viele.

Die Erde ist nicht groß genug für so viele Jäger und Sammler, die Stärksten werden überleben, bei den Rindern die stärksten Bullen und bei den Menschen?

Man darf Darwin nicht vergessen, nur weil man ihn in der 9. Klasse im Biologieunterricht nicht mochte. Es wird immer so weitergehen.

Die Kühe werden fressen, wir werden die Kühe fressen, und weil keiner mehr da ist, der uns fressen kann, fressen wir uns selber.

Mahlzeit.

Stimme – von jemand anderem

Da ist sie wieder. Wer hätte gedacht, dass ich sie wiederfinden würde.

An einem Sonntagmorgen um 5.39 Uhr begann sie endlich wieder mit mir zu sprechen, ich hatte die Distanz wiederhergestellt, die das Bewusste vom Unbewussten so dringend brauchte, um miteinander ins Gericht zu gehen.

Den ganzen Abend hatte ich über das reden dürfen, was war, was ist, was werden könnte, und dann merkte ich, dass ich mich schämte, für mich, für die Zeit, in der es nicht nach vorne ging, oder nach oben, denn auf einem Lebensstrahl geht es doch irgendwie immer nach vorne.

Und dann habe ich das, was ich selbst als eine nicht so gute Episode beschrieben habe, in meinen Anekdoten aufgegriffen. Es war anders, es war befreiend, es war wie die Erkenntnis, dass man sich selbst immer so lange Lebenslügen erzählt, bis man sie selbst glaubt und so verinnerlicht hat, dass es kaum noch einen Ausweg gibt.

Was da war, war nicht perfekt und wird es nie sein. Nichts im Leben wird je perfekt sein, denn dieser Anspruch ist an sich schon an Absurdität nicht zu überbieten. Es ist die Qual des inneren Kritikers, der einen immer wieder einholt und nicht zur Entfaltung kommen lassen will. Findet er einmal eine Schwachstelle, dann muss er gnadenlos bohren und genau diesen Punkt des Lebensstrahls so vertiefen, dass die Sonne ihn nicht mehr erreichen kann.

Fürwahr, es gibt die guten Tage. Da scheint es gut zu werden, das hat man von Anfang an im Gefühl, und dann kommt dieser Rückschlag, der sich so anfühlt, als ginge es nicht weiter.

Aber die guten Tage überwiegen, die guten Stunden überwiegen, aber sie können kein Dauerzustand sein. Diese Erkenntnis tut weh, wie so viele Erkenntnisse, die das Leben mit der Zeit bringt. Dass Verliebtsein ist nicht erstrebenswert, weil es das Gehirn vernebelt. Dass das Leben ein schöner langer Witz ist, der in Pausen auch schmerzhafte Leiden beinhaltet, und dass alles, was der Mensch tun kann, sich von Zeit zu Zeit in Zufriedenheit zu suhlen.

Eine Stimme wiederzufinden bedeutet nicht, dass sie nicht da war. Sie war laut und deutlich, sie hätte so viel zu sagen gehabt, aber man hat ihr nicht getraut, man hat ihr keinen Raum gegeben, man hat sich versteckt, vor sich selbst und vor der Außenwelt. Alle sind nur Hüllen, die keine Antworten haben und mit ihren inneren Stimmen leben, als wären sie nur nette Gefährten.

Wenn du dich manchmal fragst, warum du dieses oder jenes tust, dann ist es wegen dieser Stimme, und wenn du sie verlierst oder ihr nicht mehr vertraust, dann geh dahin zurück, wo Du herkommst, und du wirst sie wiederfinden.

Panik, die Spaß macht

Wenn es eine Geschichte des Scheiterns gäbe, würde sie wohl so beginnen. Man startet mit großen Plänen und einem noch größeren Ego ins Jahr und findet sich ein halbes Jahr später auf dem Boden der Tatsachen wieder. Doppelbelastung von zwei Jobs, eine Immobiliensammlung von drei Wohnungen, das Studium nebenbei, von den Buchprojekten ganz zu schweigen - was soll einen schon aufhalten in der Blüte seines Lebens?

Auf der Bahre im Krankenhaus ist es kalt und das Neonlicht blendet mich seit fast zwei Stunden. Wie ich hier so liege und mich immer noch frage, was da überhaupt passiert ist, kommt mir langsam der Gedanke, dass das jetzt hier auch ein bisschen der Anfang vom Ende einer Odyssee sein könnte.

„Ich brauche einen ARZT! Ich bin durch!"
Ein verwirrter 36-Jährigen, der gefühlt gerade in der Notaufnahme stirbt und angesichts der Tatsache, dass er bald dem Herrn vor die Augen treten muss, keine Zeit mehr zu verlieren hat, schreit um sein Leben.
„WENN HIER NICHT BALD EIN ARZTAUFTAUCHT IST ES WOMÖGLICH ZU SPÄT!", ich klammere mich an den Tresen der Notaufnahme und versuche völlig außer Atem und mit weichen Knien klar zu machen, dass das hier, also ich, keine Übung ist, sondern ein Notfall!
Warum zum Teufel gibt es überhaupt eine Rezeption in der Notaufnahme?
Welcher wirkliche Notfall hat hier bitte Zeit, kurz die Kran-

kenkassenkarte zu zücken und ein Formular auszufüllen?
Willkommen im deutschen Krankenhaus.

Völlig orientierungslos und mit 180 Puls klammere ich mich
an den hölzernen Empfangstresen, hinter dem sich fünf
Weißkittel betont lässig über das Mittagessen unterhalten:
„Ich ... glaube, ich habe einen Herzinfarkt!"
Ich ernte ungläubige Gesichter.
„Wo ist ein Arzt?"
Schulterzucken.

Nur meine Begleitung, die mich und mein Auto gerade in
Krankenwagenmanier über die Autobahn gepeitscht hat,
scheint die Situation genauso ernst zu nehmen wie ich.
Dem Rest der Notaufnahmenbelegschaft geht meine Akutsi-
tuation relativ am Arsch vorbei.

Erst als ich versuche, am Tresen vorbei in den Behandlungs-
raum 2 zu stürmen, um mir den Defibrillator selbst auf die
Brust zu hauen, schreitet ein grauer Herr mit Stethoskop ein,
um mich des Platzes zu verweisen.

In diesem Moment wird mir klar, entweder man ist noch bei
Bewusstsein, dann ist man kein Notfall, oder man hat das
Bewusstsein verloren, dann scheint es hier etwas schneller
zu gehen.

Ich soll mich auf die Liege gegenüber der Rezeption legen,
meine Brustschmerzen haben inzwischen krampfartige Aus-
maße angenommen, ich zittere am ganzen Körper und mein
Puls fühlt sich an, als wäre in diesem Moment eine wilde
Horde Löwen hinter meinem weißen Arsch her.

Völlig verwirrt und dem Wahnsinn nahe liege ich auf einer
Liege in der Notaufnahme.
Niemand bewegt sich auf mich zu oder von mir weg.
Es ist Mittagszeit, eindeutig der falsche Zeitpunkt, um das
Zeitliche zu segnen.

Ich kann nicht sagen, dass ich mir sofort eine Operation
am offenen Herzen gewünscht hätte, aber zumindest etwas
mehr, nennen wir es „Verständnis" für meine Situation.

Eine der Schwestern erbarmt sich dann irgendwann, mir eine
Maske zu geben, mit der ich meine völlig aus dem Ruder ge-

laufene Atmung wieder etwas kontrollieren soll.

Mehr gab es aber nicht, bis auf die Krankenkassekarte, die gab es schon mal wieder zurück - für den nächsten Notfall.

Meine besorgte Begleiterin sah sich irgendwann genötigt zu fragen, was denn hier los sei.

„Der hyperventiliert doch nur", war der lapidare Kommentar der älteren Krankenschwester hinter der Rezeption im Hotel Herzstillstand.

Unfassbar. Das Ende seiner Tage in so einem Dorfkrankenhaus verbringen zu müssen!

„DAS ENDE IST NAH!", man möge doch endlich ein EKG machen, Puls und Blutdruck messen, irgendwas SPRITZEN! Endlich erbarmt sich jemand, ich werde in ein Behandlungszimmer gerollt.

Ein afrikanischer Hilfsarbeiter, neudeutsch Praktikant, kutschiert mich auf meiner Liege in die richtige Position neben dem EKG-Gerät. Ich frage mich, wo und wann in meinem Leben alles so schief gelaufen sein kann, dass ich jetzt hier liege, während er meinen zerzausten Körper seelenruhig durch das Krankenhaus schiebt.

Er strahlt Ruhe aus und lächelt, ich mag ihn sofort, bin aber auch sofort wieder neidisch auf seine scheinbar so positive Einstellung.

Denn ICH STERBE HIER!

Das EKG ist angeschlossen, bis jetzt habe ich weder einen Arzt noch eine Krankenschwester neben meinem Bett gesehen.

Nur Babba Gum Schrimps Fischer Jon, der mich nun mit dem Herztonmessgerät verbindet.

Meine Begleitung hat inzwischen auch den ersten Schreck überwunden, ihre Gedanken ordnen sich langsam, wir lächeln, wenigstens STERBEN DANN LÄCHELN!

Denke ich zumindest.

Das EKG wird gestartet und ich höre meinen Herzschlag, wie schön, denke ich, so beruhigend, PIEP, PIEP, PIEP, KLACK, PIEP, PIEP - was war das?! Klack!?

Der Drucker spuckt alles aus, ca. 2 Meter Papier mit vielen

Strichen und vielen schönen Farben.

Ich hänge immer noch unter meiner Atemmaske und kann mich kaum beruhigen.

In meinem Kopf ziehen noch einmal die letzten schönen Momente meines Lebens vorbei, was wollte ich nicht alles machen, was habe ich nicht alles verpasst, jetzt hier in diesem Zimmer... Ich will zu meinem Hund.

„Welcher Hund?!"

„Na, den von meiner Ex-Freundin."

Völlig falsches Thema in so einer Situation, wo die aktuelle Freundin seit zwei Stunden meine Hand hält.

Klar, was will man? Zurück zum Hund (vielleicht auch der Ex).

Das muss man erst mal verarbeiten.

Sie verlässt den Saal der klackenden Herzen und will frische Luft schnappen.

In der Zwischenzeit erscheint so ein Halbgott in Weiß mit dezentem Albanischem Akzent. Obwohl ich noch nie in Albanien war und auch keinen Albaner kenne, aber diesen Akzent kann ich in diesem Moment klar zuordnen.

Mein Hirn ist Mus. Er grinst.

„Na, das war eine schöne Panikattacke, wa".

Er hat mich noch nicht einmal untersucht, so ein Klugscheißer, denke ich und erzähle etwas von Schmerzen in der Brust, Atemnot, hohem Puls, Ohnmacht.

Davon will er nichts hören.

Ein Blick auf die Untersuchungsergebnisse scheint ihn so sicher gemacht zu haben, viel sicherer als alles, was ich hier gerade durchmache. Ich soll mich beruhigen und nach Hause fahren.

Fassungsloses Entsetzen in meinem Gesicht führt dazu, dass er mir doch noch eine Beruhigungstablette in die Hand drückt.

Inzwischen sind gut drei Wochen vergangen.

Es kribbelt immer noch in den Fingern und jede Situation, die auch nur im Ansatz einen Hauch von Stress in sich trägt, führt zu Schnappatmung. Ich fühle mich dann wie eine

Schildkröte mit Asthma und sehe wahrscheinlich teilweise auch so aus.

Das ist also der Zustand, wenn Körper und Geist eines Menschen am maximalen Out+Inputlevel sind, dieses zeitweise überschritten haben und eigentlich nichts anderes mehr geht, als weiße Wände anzustarren und mentales Billard mit seinen Gedankenkugeln zu spielen.

Während ich so am Fenster sitze und all das Revue passieren lasse, stehen meine Nachbarn unter mir vor dem Balkon und rauchen genüßlich Ihre Zigaretten. Der Rauch steigt mir in die Nase und selbst dieses Momentum reicht aus um meinen Puls sacht aber beständig in unangenehme Höhen zu treiben. Der Körper scheint nicht zu vergessen und ich entsorge alle Tabakreste aus meiner Wohnung. Wenn es in den Krisen des Lebens etwas zu lernen gibt, dann ist es ,dass es nicht so weitergehen kann wie bisher. Erst die großen Veränderungen, dann die kleinen, oder umgekehrt, nur nicht so weiter wie bisher. Noch einmal einatmen, dann schließe ich das Fenster und lege mich ins Bett, höre die Wellen in der Ferne und die Kirchenglocken schlagen vier Mal zur vollen Stunde.

Die Tage an diesem Ort sind gezählt, der heilige Hafen wird nicht der Ankerplatz sein, manchmal braucht es anscheinend panische Rufe der Seele um die Segel neu zu setzen.

Metalldetektor

Da sitzt er nun um Mitternacht auf einem Feld und kann den Wind nicht hören, weil die Autobahn nebenan so unruhig und laut ist, dass sie seine Gehörgänge mit einem monotonen Geräusch wie Meeresrauschen verstopft.

Dazwischen immer wieder ein kurzes Piepsen des Metalldetektors, der mit seinem roten Licht die abgeschnittenen Halme des Weizenfeldes ein wenig erröten lässt. Nachtromantische Momente wie diese sind selten geworden, seit das Leben so hektisch durch seine Adern fließt und die „existenziellen Probleme" sein kleines Herz zu erdrücken drohen.

Existenzielle Probleme" ist ein mächtiger Begriff geworden, der für jeden etwas anderes bedeutet.

Ein paar Tage zuvor nicht allzu weit entfernt:

Die Oberärztin der Kardiologie davon nichts erahnen, gerade noch hatte sie auf ihrem neumodischen Ultraschallgerät festgestellt, dass doch alles in Ordnung sei, da rannen ihm schon die Tränen über die Wangen, wie er da lag, halbnackt und mit mehr Gleitgel auf der Brust, als es gebrauchen würde um einen homoerotischen Liebesfilm abzudrehen.

Liebesfilme sind sowieso nur für die gut, die sie sehen und selten für die, die sie erleben. Es gab ohnehin ständig Menschen, die ihm ihr Herz ausschütteten, ohne sich um seines zu kümmern. Mit hundertprozentiger Genauigkeit spürte er die auf, die alle Kraft kosteten und wenig Benzin für Ihn im Blut hatten.

Die letzte dieser Spritschleudern hatte kurze Haare, wo sie lang sein sollten, und lange Haare, wo sie kurz sein sollten. Natürlich ist das heutzutage alles relativ, aber spätestens seit er auf diesem Feld sitzt und die Borsten der abgemähten Weizenhalme an seinen Beinen spürt, kann er sich des Gedankens nicht erwehren, dass früher, an den glatten Tagen, irgendwie alles besser war.

Sanfter jedenfalls.

Auch im Herzen.

Männer brauchen viel Liebe, vor allem die Starken wenn Sie aufbrechen und sich hingeben.

Seine harte Schale wurde durchdrungen und der gallertartige Teil der maskulinen Existenz mit giftigen Kindheitsgefühlen der Unzulänglichkeit und Anpassungsmotivation skorpionsartig durchstochen. Da war es also, das menschgewordene Schattenkind, eine Stefanie aus Stahl.

Natürlich wird auch dieser Stahl irgendwann brechen und korrodieren, das wusste er und auch und so spürte er inzwischen, dass diese Phase des Stillstands vorbeigehen würde.

Ruhe kehrte langsam ein auf dem Feld in der Nacht mit all dem Rausch der Vergänglichkeit an Verkehr und Gefühlen um ihn herum.

Kilometerweit kann man es hören, jeden Tag und jede Nacht, und gerade jetzt, wo der Wind alles heranträgt, fühlt man sich, als säße man auf der Autobahn oder zumindest nicht weit davon entfernt.

Unbewusster Lärm ist anstrengend.

Es ist Sommer und die Ernte hat begonnen. Er mag den Sommer, aber mit der Ernte hatte er im letzten Jahr so seine Probleme. Sie ist ein Vorbote dessen, was sich in wenigen Wochen in der Natur und vor allem mit der Temperatur abspielen wird. Dieser Sommer war besonders nass und kalt. Schon vor Monaten hatte ihm ein Bauer prophezeit: „Wenn die Buchen vor den Eichen grün werden, dann wird es ein nasser, kalter Sommer".

Selbst der Klimawandel konnte anscheinend den althergebrachten Bauernweisheiten nichts anhaben. Vor zwei Jahren waren die Medien noch voll von Untergangsszenarien: Wir, alle am Ende, wenn nicht ein Virus uns alle ins Jenseits befördert - dann wird uns die Sonne und die stetig steigende Hitze mit Sicherheit bald alle verbrennen. Er legte sich in diesen angeblich letzten heißen Sommern des Weltuntergangs besonders gern und lang auf die Wiesen bei dem Flusse. Wenn er schon zum Kaffee verbrennt, dann sollte er doch die beste Röstung bekommen.

Jetzt zittert er bei 17 Grad in einer lauen, stacheligen Julinacht. Das halbe Jahr war ihm genommen, das wusste er schon vor vier Monaten, als es begann, und nun stand der Herbst in Form der Ernte vor der Tür.

Die Einsamkeit, über die er schreiben wollte, war selbst gewählt und deshalb Fluch und Segen zugleich.

Du bist nie einsam, du bist nur allein.

Wie beim Alkohol kommt es auf die Dosis an. Momente wie dieser sind die magischen, einzigartigen Fragmente der Einkehr, die sich jeder von Zeit zu Zeit wünscht.

Verzweifelte Stunden der Sehnsucht nach Nähe wie am Vortag, als alles Alltägliche nicht mehr ausreichte, um die Leere zu füllen, das war die Kehrseite der Medaille.

Es reicht, keine Autobahnkilometer mehr gegen den Stillstand - dachte er in diesem Moment und beschloss zu bleiben und zu werden.

Das Leben anzunehmen und sich mit dem zu identifizieren, was er war und wie es sein sollte. Geliebt hat er genug, um seines Willen geliebt zu werden, das fehlt.

Ein Weltenwanderer zu sein bedeutet viel Verzicht. Wie die Geschichte vom Feld aus weitergesponnen wird, bleibt eine Frage der Konsequenz und des Richtungswechsels.

In Beziehung zu gehen ist keine Kunst, das Leben in Gesellschaft zu meistern schon. Es braucht ein Dorf in der Nähe und in der Ferne. Eines für die Heimat im Herzen und eines für die Sehnsucht des Abenteurers.

Wir haben alle genug und dramatisieren das Wenige, das uns fehlt. Ein Feld, eine Nacht, die Erde unter den Füßen und die Autobahn des Lebens in der Nähe.

Atmen.

Das Flugzeug über ihm signalisiert Freiheit und blinkt in der Ferne wie vereinzelte Sterne. Es verschwindet in den Wolken und nur das helle Flackern der Stadtlichter am Horizont erhellen jetzt noch den Horizont.

Es ist Zeit weiter zu machen, was bleibt Ihm auch anderes übrig. Wir alle müssen, jeden Tag.

Der Detektor signalisiert einen Fund, und wie so oft in seinem Leben greift er zum Spaten und gräbt mutig in neuem, unbekanntem Boden nach einem Schatz oder, wie er inzwischen gelernt hat, was besser wäre - wie etwas Soliden, das erhalten bleibt, wenn man es aufhebt.

Mit der Klinke in der Hand

Er steht auf dem Feld und spürt die Weizenhalme an seiner Hüfte. Er schaut sich um aber sieht kein Meer. Unter seinen Füßen vertrocknete Erde, krustig und scharfkantig.

Das Gehen fällt ihm schwer, er stolpert, fällt, kann sich gerade noch abstützen, verliert aber das Stück Metall, an dem er sich gerade noch festgehalten hat. Seine Brille hat er im Sturz verloren, nun sucht er sie zwischen den Borsten des Feldes und der groben Erde. Für einen Moment hält er inne, atmet durch und überlegt, wie es wäre, einfach liegen zu bleiben. Dann legt er sich auf den Boden. Erdfurchen graben sich in seinen Bauch und das Gefängnis aus Strohgittern hindert ihn daran, sich weiter zu bewegen. So ruht er und lauscht, was nun geschehen mag, wenn das Feld zur Ruhe kommt. Neben ihm raschelt die lockere Erde. Zuerst kommen die Mäuse aus ihren Löchern und nehmen ihre Arbeit wieder auf. Dann sieht er die kleinen Spinnen auf dem Boden, überall lebt es, wenn man genau hinschaut. Er muss mit seinem Körper eine ganze Schar von Lebewesen unter sich begraben haben, wie er da so ruht. Aus der Ferne ein Vogelschrei, hoch und laut durchdringt es den Himmel. Er wurde entdeckt wie er da lauert, als blindes Raubtier am Boden. Er dreht sich auf den Rücken und fühlt den harten Grund nun wie er sich in seinen Rücken bohrt. Er spürt die ganze Erde als Gestein unter sich. Er liegt auf dem Himmelskörper und fliegt durch den Raum. Wann ist er so groß geworden oder die Erde so klein? Er erschrickt bei diesem Gedanken und relativiert ihn. Dass er sich jetzt so groß fühlt und doch nur auf einem kleinen Stück Erde sitzt. Dass alle Menschen sich ab und zu so fühlen würden. Dass er auch abheben könnte, wenn die Schwerkraft nicht wäre. Das alles so leicht ist und es ihn doch am Boden hält.

Er schließt die Augen und fängt an zu träumen, von den kleinen und großen Tieren um ihn herum, wie sie Tag für Tag ihr Leben leben und wie sehr der kleine Ökokosmos dieses kleinen Feldes doch mit der ganzen großen Welt zu vergleichen ist. Wie sehr doch alle über die Felder schauen und durch sie hindurch laufen ohne den Boden zu beachten, die einzelnen Halme zu bestaunen oder das Leben um Ihren Füßen wahrnehmen.

Was man nicht sieht, ist der Augenblick.

In diesem Moment reißt die Wolkendecke auf und erhellt den Flecken Erde, auf dem er liegt. Es wird warm und ein wohliges Gefühl der Geborgenheit breitet sich in ihm und um ihn herum aus. Er streckt die Arme aus und spreizt die Beine, um die Wärme aufzunehmen. Ein tiefer Atemzug Feldluft, dann setzt er sich auf und schaut sich um. Wie sich dieses Schauspiel jedes Jahr wiederholt. Im Winter war er hier, als eine dünne Schneeschicht diesen Ort wochenlang bedeckte, dann kniete er auf dem nassen Boden und blickte in die Ferne. Im Herbst und im Winter, wenn der Regen die Erde völlig aufgeweicht hatte, stapfte er mit dicken Schuhen durch den Schlamm zu dieser Stelle. Jedes Mal nahm er sich die Zeit, um an diesen immer gleichen Ort der Wandlung zurückzukehren. Jedes Mal, wenn er hier saß oder lag, wurde es ruhig in ihm. Als ob eine magnetische Quelle seinen inneren Kompass nur hier ausrichtete. An manchen Tagen, wenn die Menschen in der Ferne vorbeikamen, sahen sie ihn und wunderten sich, wer da wohl so allein auf dem Felde saß. Bald gingen sie weiter und kümmerten sich nicht mehr um ihn, das Feld und das Leben zu ihren Füßen.

Strandung

Hamburger Hauptbahnhof. Ein letztes Mal die Wohnung abgeschlossen, die überfüllte S-Bahn bringt mich schneller durch die Stadt, am Bahnhof den richtigen Zug gefunden, mit dem Fahrrad in der Hand und 20 kg Gepäck auf dem Rücken über die Gleise gesprintet.
Irgendwie alles zu schnell vorbei, obwohl es Jahre waren. In der Hand ein Zugticket an einen Ort, an dem man noch nie war und einen Arbeitsvertrag für einen Job, den man noch nie gemacht hat. Wie ein innerdeutscher, arbeitsloser Flüchtling, nur dass der Moment jetzt 30 Jahre nach der Wende ist. Ich bin immer noch getrieben von der Hoffnung auf ein besseres Leben, woanders.

Die Stadt, aus der ich an diesem Morgen fliehe, hat mich viel Kraft und noch mehr Nerven gekostet. Aber es war ein schönes Abenteuer. Wenn es etwas zu bedauern gibt, dann, dass ich nicht schon früher den Schritt in dieses pulsierende Leben gewagt habe, das so viel mehr zu bieten hat. Die 30er Jahre sind vielleicht nicht die beste Zeit für große Aufbrüche und neue Wurzeln.
Die Zeit im Norden, im Sehnsuchtsort Hamburg, hat mir gezeigt, was die Stadt alles zu bieten hat. Ich habe am Hafen und auf dem Kiez gearbeitet, bin durch die Stadtteile gezogen und habe meine norddeutsche Heimat gefunden.
An seltenen Tagen frage ich mich leise, warum ich hierher gegangen bin. Weil das Leben endlich ist und der Mut unterwegs kommt. Man schmiedet einen Plan, der unmöglich scheint, und während man daran arbeitet, entsteht das Leben drumherum. So ist es meistens mit allem, was man

sich im Leben erarbeitet. Für mich war es kein Haus, es war das Leben, dort zu leben, wo andere Urlaub machen. Eintauchen in eine Welt, die man nicht an ein paar Tagen im Jahr entdecken kann. Erfahrungen zu machen, die man nicht macht, wenn man sich immer nur um sich selbst und seine Komfortzone dreht. Nicht nur erleben, sondern eintauchen und das Leben an anderen Orten mitnehmen, aufzusaugen und für immer im Herzen bei sich zu tragen.

Rückblickend, am Bahngleis stehend, denke ich, ich hatte dort, in meiner Hansestadt, unter den gegebenen Umständen und Bedingungen meistens eine gute Zeit. Ich kam als Dorfjunge in diese Stadt und hatte keine Ahnung, was mich erwartete und was es brauchte, um hier zu bestehen. Ich, der als Kind am liebsten im Schafstall gespielt hatte, lebte nun in einem dieser Menschenställe und spürte mehr als andere den Unterschied zwischen den Existenzen der Metropolen und denen, die mit den Bäumen des Waldes atmen. Wenn ich in den Wintern in meiner Lieblingsbar am Eppendorfer Weg einen Whiskey mit Honig bestellte und dem Barkeeper bei seiner Arbeit zuschaute, nahm ich das Leben um mich herum sehr genau war. Wie sie sich anzogen, Ihren Schmuck auftrugen, miteinander lebten und erzählten von den Wochentagen, den Reisen und Banalitäten. Ein Stadtmensch ist ein Schwätzer, liebgemeint. Er mag Menschen, er mag die Gesellschaft und noch viel mehr mag er es immer neue Impulse zu bekommen. Wie ein nie enden wollenden Regenschauer voller dicker Ereignistropfen prasselt das Leben unter Leuten auf Dich hernieder. Man geht aus, so oft es geht, man unternimmt, so oft es die Zeit zulässt, man erkundet den stetigen Wechsel desselben Ortes, denn Veränderungen gehören zum Stadtbild. Selten gibt es Orte an denen alles bleibt wie es mal war. Der Kultstatus ist schwer zu erreichen, aber hat man Ihn gesichert, gehört man zum Stadtbild wie die Straßennamen. Erikas Eck ist so ein Ort, den kaum ein Hamburger Gast kennt und doch jeder, der hier lebt mindestens einmal besucht hat. Es gibt Viertel in denen man Essen geht und Viertel in denen man leben möchte. Es gibt immer etwas neues zu entdecken, all die Jahre und all das Geld eines Lebens reichen womöglich nicht bis in jede Ecke der Stadt vorzudringen, all die Restaurants auszutesten und all die Wohngegenden zu erkunden indem man des Abends in die Fenster schaut.

Für mich und das Kind in mir, war die Zeit ein Abenteuer. Der Spielplatz des Lebens und ich als Zuschauer mittendrin.

Das Beste daraus zu machen war mein Ziel, aus der Not geboren, denn Schulden begleiteten mich die ganze Zeit und so begann ich am Hafen, dort wo seit Jahrhunderten die Arbeiter strandeten und lernte das Leben und vor allem die harte Arbeit kennen. Der Tag begann sehr früh, meist gegen 7 Uhr, und endete sehr spät nach 21 Uhr, oft mit vielen Schwielen an den Händen und einem erschöpften Kör-per. Harte Arbeit war ich nicht gewohnt, und sie verlangte meinem Körper alles ab. Als Vorgesetzter wollte ich immer anders sein, mit gutem Beispiel vorangehen, mich beweisen, den Jungs, meinen blutjungen 20-jährigen Mitarbeitern, ein Mentor sein. Das hat mich immer gepackt, immer haben mich junge Menschen durch mein Berufsleben begleitet, und immer habe ich mit der Verantwortung auch das gute Gefühl verbunden, in ihnen etwas bewegen zu können. Nach zwei Jahren hatte ich einem obdachlosen Waisenjungen eine Unterkunft und eine neue Ausbildung organisiert. Den an-deren mit meiner sanften Führung einen angenehmen Feier-abend verschafft. Meine Tage endeten meistens mit Addo, dem Tellerwäscher. Wir waren meist die letzten, die gegen 3 Uhr morgens mit Binus, dem Chef aller Klofrauen auf der Reeperbahn, den Feierabend genossen. Binus hat sich mit seinem Wissen und seinem Geld in seiner Heimat Ghana eine eigene Existenz aufgebaut. Als ich Hamburg verließ, blieb er und verbrachte unzählige Nächte zwischen Ham-burger Berg und Fischmarkt. Ich ahnte, dass meine Kraft für die Stadt nicht reichen würde. Auf Dauer gab es hier für mich nichts zu gewinnen, und als Binus ein paar Jahre später starb, wünschte ich, auch er wäre früher gegangen.

Eine Stadt wie Hamburg lebt von Energie, da muss man mitschwimmen können, sonst geht man unter und landet in einer kleinen Sozialwohnung am Stadtrand und träumt den Rest seines Lebens davon, im Grünen zu leben. Wer Hamburg besucht, ist fasziniert von dem Leben, den Lichtern und dem Spektakel. Niemand denkt in diesen Momenten daran, wie viele Menschen es kostet, dies aufrecht zu erhalten.

Mit einem letzten Blick zurück in den Bahnhof, stieg ich in den Zug Richtung Norden und ließ den Lärm der Stadt hinter mir. Doch die Zugfahrt war ernüchternd. Ich war allein und nach einer Stunde begann es zu regnen. Ich saß in meinem Abteil, schaute auf mein Fahrrad und fragte mich, was mich wohl erwarten würde.
Manchmal muss man einfach darauf vertrauen, dass alles gut wird.
Nach einer gefühlten Ewigkeit kam der Zielbahnhof in Sicht und die dunklen Wolken verzogen sich. Das waren gute Voraussetzungen, um die letzten 10 km zu meiner neuen Heimat in Angriff zu nehmen, schließlich war ich mit dem Fahrrad unterwegs und nicht auf Regen vorbereitet.
Das Gefühl auf dieser Strecke war unbeschreiblich.
Nach all dem, was passiert ist, all den Jahren, all den Menschen, all den Momenten, all den Wohnungen, all den beruflichen Entwicklungen, fährt man nur mit einem Fahrrad und einem Rucksack an einen Ort, den man nicht kennt und von dem man nicht weiß, was einen erwartet.

Ich wusste, dass mein Zuhause vorerst ein Wohncontainer, eine alte Matratze und zwei schmutzige Spinde sein würden. Das hatte man mir vorher gesagt.
Auf dem Weg begegneten mir Fahrradfahrer, die mich

freundlich grüßten, sie hätten wohl am ehesten vermutet, dass ich auf einer langen Fahrradtour bin. Aber dafür wäre das Fahrrad ungeeignet und der Rucksack zu groß.

Versucht es einmal:
Nehmt alles, was ihr habt und lasst es los. Packt das Wichtigste in einen imaginären Rucksack. Steigt in einen Zug. Fahrt an einen fremden Ort. Spürt den Moment des Aussteigens. Den Temperaturunterschied. Die Leere des Gleises. Niemand wartet auf einen. Es ist Sonntag.
Alle Geschäfte sind geschlossen. Ihr spürt das Meer in der Nähe. Ihr seid leer und gespannt auf das, was kommt. Neugier lässt euer Herz höher schlagen, das Gefühl mutig zu sein überkommt euch. Dinge zu wagen, ein Leben aufzugeben und ein neues zu beginnen. Wie oft im Leben habt Ihr dieses Gefühl?
Könnt ihr euch da hineinversetzen? In den Wohncontainer als Euer neues Zuhause, in die rumänischen Arbeiter über Euch, in die Baustelle Eures neuen Arbeitsplatzes vor Euch.

Dann legt Ihr alles ab. Kommt an. Lehnt Euch zurück. Um Euch herum nur Menschen, die Ihr nicht versteht. An einem Sonntagabend, an dem der Rest der Welt entspannt Tatort schaut, sitzt Ihr vor dem Anfang von etwas und schaut aufs Meer.

Inzwischen habe ich mich eingelebt und sitze am nördlichsten Punkt des deutschen Festlandes und klammere mich an den Gedankenfelsen, dass alles so gekommen ist, wie es kommen musste. Dass ich das erleben darf, weil es die Geschichte ist, die später einmal mein Leben heißen wird, weil daraus Dinge entstehen können, die ich mir jetzt noch gar nicht vorstellen kann, weil ich Menschen begegnen werde, die mich bereichern und Spuren in meiner Seele hinterlassen, weil ich statt eines Hauses viele Orte in mein Herz schließen möchte, weil das Leben wild und bunt sein darf, weil man es so leben soll, wie man es sich erträumt, weil man

mutig sein muss, wann immer man seinen Weg geht, weil
man sich spürt, wenn man liebt, lebt und wandert, weil es
das ist, was uns Hoffnung gibt.

Rescue Tropfen auf die
Sterne in den Augen

Es muss schon ein paar Jahre her sein, dass mich jemand auf einem Bild auf diesen kleinen weißen Punkt in meinen Augen aufmerksam machte. Bei näherem Hinsehen entpuppte er sich als Reflexion des Kamerablitzes. Da das Bild aber weder mit Blitzlicht noch bei Tageslicht aufgenommen wurde, konnte diese Vermutung nicht stimmen. Wie kommt es nun, dass ein so auffälliger weißer Punkt in der Mitte meiner Pupille erscheint, wo doch eigentlich das Licht von außen einfällt und nichts leuchten sollte?

„Man sieht die Liebe in deinen Augen - wie verknallt du bist", war die logische Erklärung, die ich mir damals mehr schmunzelnd als ernsthaft erzählen ließ. Nun sind einige Jahre vergangen und viele Fotos gemacht worden. Dieses Funkeln in den Augen war nicht mehr zu sehen. Bis gestern Abend.

Die Socke liegt immer noch auf dem Fensterbrett des Autos. Wie auch immer man diesen Ort besser bezeichnen könnte, Armaturenbrett vielleicht, auf jeden Fall liegen dort die liegengebliebenen Erinnerungen meiner Sohnes in Form eines Paares kleiner Socken, die mich die ganze Heimfahrt vom Bahnhof an diesem Ort begleitet haben. Wie ein Mahnmal liegen sie da und zeigen mir, was gerade passiert ist. Anders formuliert könnte man natürlich auch sagen, es ist eine schöne Erinnerung an die letzten Tage, aber so richtig will sich diese Emotion nicht einstellen, der Verlust überwiegt und damit auch die gewisse theatralische Ausstrahlung des weiß-braunen Wollknäuels.

Am liebsten hätte ich eine Zigarette angezündet oder laut geschrien, obgleich es einfach Situationen im Leben gibt, die man ertragen muss und sich als unabänderliche Konsequenz vergangener Entscheidungen darstellen. So wie ein Mörder irgendwann in seiner Zelle feststellen muss, dass er seine Freiheit durch eine falsche Entscheidung verloren hat und mit den aktuellen Konsequenzen leben darf, so sehe ich die Lieben meines Lebens nur ein paar Mal im Jahr und kann die Zeit der unwiederbringlichen gemeinsamen Erinnerungen nicht festhalten, sehe wie sie zwischen meinen Händen verrinnt.

Dabei halte ich mich gerade am Lenkrad fest, wusste dass dieser Moment kommt und kann ihn trotzdem nicht aushalten. Wie schnell die Tage vergehen, wenn man zu wenig davon hat. Vorher dachte ich schon an die Zeit wenn es soweit ist, und als es geschah vedarb mir der Gedanke an das Ende den aktuellen Film. Solche Lebenskinobesuche sind die anstrengende Quintessenz des Lebens und das Bewusstsein darüber macht es bitter und süß zugleich.

Ich frage mich, wie andere Menschen in ihrem Leben Situationen durch sich hindurchfließen lassen können. Einfach so.

Als wir gestern im Schwimmbad lagen, beobachtete ich eine Frau mit ihren Kindern. Der gemeinsame Alltag war zur Routine geworden. Auspacken, Decken ausbreiten, Badesachen anziehen, baden, lesen, Pommes vom Imbiss, die immer etwas zu viel gewürzt sind und der Ketchup so schmeckt, als hätte man einfach Tomatenmark mit viel Wasser gemischt. So schmecken die Schwimmbad-Pommes seit der Kindheit, über alle Schwimmbäder hinweg. Geblieben ist die Sehnsucht nach dem gemeinsamen Moment in dem man sie genießt mit Freunden oder Familie.

Auch wir haben uns hinreißen lassen und an einem sonnigen

Julitag im Schwimmbad die frittierten Kartoffeln genossen, uns kurz als die Familie gefühlt, die wir hätten sein können, und den bevorstehenden Abschied und Verlust der Familie ein Stück weit weggespürt.

Man kann die Zeit nicht genießen, wenn man ständig an das Ende denkt. Eine Liebe, die in kurzen Momenten gelebt wird, ist grausam. All die Trennungen der Familien ob gewollt, schicksalshaft, bewusst oder unbewusst - welch Gräueltaten an den lieben Lebenden.

Ein Blick auf die Statusmeldungen meiner Freunde und Bekannten zeigt mir, wie sehr ich mich nach Nähe sehne. Wie viele der Bilder von lachenden Eltern und glücklichen Familien sind echt? Gibt es dieses bedingungslose Glück zwischen den Schweizer Bergen und den Stränden der Adria? Wie viel Bindung bedeutet ein gemeinsames Kind? Wie wichtig ist Sex in einer Partnerschaft? Echte, tiefe Gespräche? Körperlichkeit, die über den Akt hinausgeht? Was bedeuten Vertrauen, Verlässlichkeit und Hingabe? Wie abhängig sind Bindungen und wie schön muss es sein, Familie zu haben, zu leben und zu lieben?

Mein Sohn schaut verträumt auf die Autobahn, eine neue Reise beginnt, unzählige Weltenwechsel in kurzer Zeit. Zuhause, ein Ort mit vielen Gesichtern. Alles nicht so normal in diesem Alter und sicher sehr anstrengend. Wir verlassen die Autobahn und ich spüre Finger, die meinen Nacken kraulen. Ich wage zu sagen, dass mir das alles sehr schwer fällt. Blicke treffen sich, einig und doch getrennt. Ein schlafendes Baby, zwei erwachsene Menschen und ein verträumtes Ergebnis von Hoffnung neben mir.

Ich streichle seine Knie und wünsche ihm eine gute Reise, während der Kloß in meinem Hals immer schwerer wird. Auf dem Weg in die Stadt werden die Ampeln immer dichter und je öfter wir anhalten, desto unruhiger werde ich. An einer Ampel kann ich die Illusion, wie es hätte sein können, nicht mehr aufrechterhalten und eine Träne läuft mir über die Wangen. Ich greife in meine Tasche und öffne ein kleines Fläschchen mit süß-bitteren Tropfen, die den Druck von meiner Brust nehmen sollen, befeuchte ein wenig meine Zunge und spüre Erleichterung. Beim Blick in der Rückspiegel sehe ich Ihre Augen und kann den Blick nicht standhalten. Ich will die Sterne nicht erlöschen lassen und wünschte doch, es gäbe ein Mittel, das das Funkeln in meinen Augen bricht.

Gestern Abend habe ich es seit Jahren wieder gesehen, auf einem Bild, das ich schoss während wir gemeinsam auf der Couch lagen und Ryder, Marshall und Chase die Abenteuerbucht retteten.

Jetzt sind sie ausgestiegen, eingestiegen, und ich bin zurückgeblieben, zurückgefahren, und während die Regentropfen auf der Windschutzscheibe den Erinnerungen der letzten Tage einen angemessenen Abschied geben, reist ein kleines Wollknäuel mit mir bis zum nächsten Moment der Wieeshätteseinkönnen-Illusion.

— 100

Karl Fellmer
Rugido del Leon
Wildes Gebrüll eines erwachsensen Kindes
1. Auflage
2024

www.karlfellmer.de

104

weitere Bücher:

Karl Fellmer
Cuentos del Cuervo
Fast wahre Anekdoten
2. Auflage
2024
ISBN 9783759742803

Karl Fellmer
Encuentro con una Cucaracha
Gefühlte Worte der Wahrheit / Klarheit
2. Auflage
2024
ISBN 9783758313776

Instagram: Karl_Fellmer
Web: www.karlfellmer.de